天才コピーライター
ひすいこたろう

# 3秒で
# ハッピーになる
# 名言セラピー

THE BEST
新装版

Discover

# 天才になる方程式 —プロローグ

世界の文豪ゲーテ。
そのゲーテがひとりの女性、シャルロッテに宛てた
ラブレターが残っています。
その数、なんと1800通!

その事実を知ったとき、
僕は天才になる方程式が見えた気がしたのです。
天才の方程式はこうです!
## 「LOVE」×「1800」=「天才!」

ゲーテは愛を込めて1800回もラブレターを書いたから
天才になったのではないかと。
そこで僕も2004年8月9日に誓ったのです。
僕もラブレターを1800通書いてみようと。

読んでくれる人の心が明るく晴れ渡るような話を
毎日書いてみようと。

1話目をブログに書いたのは2004年8月9日。
当時読者ゼロ。
それから5年間、ほぼ毎日、
ブログ、メールマガジンを更新し
読んでくれる人へのラブレターを書くように
1300通、書き上げました。

すると、僕の人生に奇跡が起きました。
最初はまったく凡人だった僕ですが、
文章がドンドンうまくなり、

天才になる方程式―プロローグ

次第にファンメールが届くようになり
ついには『3秒でハッピーになる名言セラピー』として書籍化。
シリーズ化されベストセラーにしていただきました。

今回お届けする
『3秒でハッピーになる名言セラピー THE BEST』は、

## 「名言セラピー」シリーズ全5作品の中から ベストセレクトした、音楽でいう、 ベストアルバム的作品です。

ちなみに記念すべき名言セラピーデビュー作は
次のリンゴの話から始まりました。

1991年の秋の話です。
台風が次々に上陸して青森県のリンゴが9割も
落ちてしまいました。
作ったリンゴの9割が売れなくなりましたから、
リンゴ農家の人たちは、肩を落として嘆き悲しみました。
テレビでも連日やっていましたから、
知っている人もいると思います。

しかし、このとき、嘆き悲しまなかった人がいるのです。

## 「大丈夫。大丈夫」と。

なぜリンゴが落ちて、売れないのに大丈夫なのでしょうか？

こういうことでした。

「落ちなかったリンゴを
『落ちないリンゴ』の名前で
受験生に売りましょう。
1コ1000円で」

すると、高いのに飛ぶように売れました。
「落ちないリンゴ」は縁起がいいと、
受験生がとても喜んで食べたからです。

その農家の方は、下に落ちた9割のリンゴに意識を向けず、
上に残っていた、落ちなかった1割のリンゴを見ていた。

# 視点が違ったのです。

上を向いて歩こう♪

天才になる方程式─プロローグ

同じ状況にもかかわらず、嘆き悲しむ人がいます。
同じ状況にもかかわらず、楽しく儲かり、
お客さんにも喜ばれる人がいます。
どこを見るかで人生はこんなにも違います。
視点が変わると、人生は一瞬で変わるのです。

『3秒でハッピーになる名言セラピー THE BEST』では、
どんなときにも人生を楽しめるようになる視点を
あなたにプレゼントします。
あなたの大切な人へ贈るプレゼントとしても
お使いいただければうれしいです。

**今日こうしてあなたと出会えたこと、
うれしく思います。
ずっとあなたをお待ちしていました。
あなたは、もう、しあわせにしかなれません。**


# ようこそ
# 名言セラピーの世界へ。

ひすいこたろう

この本は、4つの「名言メニュー」を用意してあります。
一話完結なので、どこから読んでいただいても OK です。
「いまの自分に一番ヒントになる言葉はなんだろう」
という問いを持って、
パッと開いたところを読んでみるのも楽しい使い方です。


＊**しあわせセラピー**
→いますぐしあわせになる視点。毎日がしあわせコース
＊**お仕事セラピー**
→働くのがグッと楽しくなる視点。ビジネスの達人コース
＊**恋愛セラピー**
→いつのまにか恋愛がうまくいっちゃう視点。
　コミュニケーションの達人コース
＊**ハートフルセラピー**
→人生をじっくりあたため直す視点。心ポカポカコース

★読者セラピー
名言セラピーメールマガジン、2万人の読者に
「あなたの人生を変えた名言エピソード」を募集しました。
その中で、名誉ある「名言セラピー金賞」を受賞した作品、
すなわち「読者セラピー」もたくさん登場します。
お楽しみに♪


※読者の年齢、職業はメルマガ掲載当時のものです。

3秒でハッピーになる名言セラピー　THE BEST
# CONTENTS

天才になる方程式──プロローグ ............ 001

## CHAPTER 1
##  しあわせセラピー

名言ダイエット ............ 012
プリン伝説 ............ 016
あなたの最高傑作は？ ............ 019
死を前に一番後悔すること ............ 020
ツイてる人の深層意識 ............ 021
オフサイドに学ぶしあわせルール ............ 024
病気になった。さあ、どうする？ ............ 026
一件も契約がとれない営業マン ............ 029
「きぼうってなに？」 ............ 032
石の上にも三年。その続き ............ 034
イヌイットが絶対口にしない言葉 ............ 036
うつになる方法 ............ 038
人生は、大丈夫♪ ............ 041
ツイてる！ ............ 045

| | |
|---|---|
| 夢破れたキミへ。 | 047 |
| 1円もかけずに自分を変える方法 | 050 |
| スーパーヒーローの秘密 | 055 |
| by Ludwig van Beethoven | 060 |
| 誕生日にありがとう | 062 |
| 七福神の共通点 | 063 |
| 命の延ばし方 | 065 |
| ねえ、ねえ、知ってた？ | 067 |
| 精神が健康である基準 | 071 |
| 神様をやる気にさせる方法 | 073 |
| ラン、ラン、ラン♪ | 075 |
| 今日は死ぬのにもってこいの日 | 076 |

CHAPTER 2

#  お仕事セラピー

| | |
|---|---|
| 売れない人の共通点 | 080 |
| 革命の起こし方 | 083 |
| やりたいことが見つからない人へ | 086 |
| ナイス！　バカ | 087 |
| かっこいい日本人を見よ | 089 |
| クレームをつけられたときの秘策 | 092 |

| | |
|---|---|
| たった一言で成功できるんだぜ！ | 095 |
| ロックンロールでいこう | 098 |
| 失敗する人の共通点 | 100 |
| 100％失敗しない方法 | 102 |
| 億万長者の「聞く技術」 | 104 |
| サトー式・伝説のつくり方 | 108 |
| 会社が500年生き残る秘密 | 113 |
| 家事を素敵なものに変えた言葉 | 116 |
| お金持ち思考 | 118 |
| 億万長者になれる（気がする）方法 | 120 |
| 100億円ほしい？ | 124 |
| お金の神様に抱きしめられる方法 | 126 |
| 正しい金持ちと正しい貧乏人 | 129 |
| The Revolution！ | 130 |
| あなたなら、なにを入れる？ | 134 |

CHAPTER 3
# 恋愛セラピー

| | |
|---|---|
| 失恋検定 | 136 |
| モテの基本は小学校で教わった！ | 139 |

| | |
|---|---|
| あなたはいい男？　いい女？ | 142 |
| イケメンを独り占めできる一言 | 144 |
| モテない悪循環から抜け出す方法 | 147 |
| いい男を1分で見抜く方法 | 150 |
| モテ男へのインタビュー | 152 |
| 一瞬で仲良くなる方法 | 155 |
| 龍馬のモテテク | 157 |
| モテ顔にする方法 | 162 |
| 「モテる」定義 | 164 |
| 究極の恋愛 | 167 |
| 「未来の国」の恋。 | 171 |
| 革命家の恋 | 175 |
| It's a wonderful world! | 179 |

CHAPTER 4

# ハートフルセラピー

| | |
|---|---|
| 最後のお別れ | 184 |
| 春の魔法 | 187 |
| 吉田松陰が犯した致命的なミス | 189 |
| ひすい式奇跡の起こし方 | 191 |

あらゆる人間関係を劇的に改善する方法 …… 197
モテモテばあちゃんの秘密 …… 200
右手を頭に …… 204

深呼吸 …… 205
あとがき …… 208

CHAPTER 1

# しあわせ
# セラピー

いますぐしあわせになる視点
[ 毎日がしあわせコース ]

## 名言ダイエット

心理学博士の小林正観さんが
研究されていた「性格病理学」。
これ、すごく興味深いんです。
説明しますね。

人間というのは、

**ストレスがたまる
→疲れる
→コリや張り、痛みが出る
→臓器の故障**

という流れで、病気になるケースが多いのですが、
その出発点は何かというと、「ストレス」なのです。
つまり、病気は心の問題と密接にかかわっているわけです。
ということは、
症状によって性格に共通点がありそうでしょ？
それを正観さんは長年調査したのです。

たとえば、花粉症の人に多い性格は
「完全主義者」だったそう。

また、太り気味の人に共通点はないだろうか、
と調べていくと……ありました！
それは、ある口癖。

「わたしって、なにを食べても
　太っちゃうのよねー」

と言いながら、ものを食べる。

「わたし、水を飲んだだけで
　太っちゃうのよねー」

と言いながら、水を飲む。

「このひと口が
　わたしを太らせるのよねー」

と言いながら、寝る前に食べる。

この3つが、
太り気味の人に共通する口癖だったそう。

あ、心当たりありました？（笑）
こう言いながら食べると、

**体はそのとおり、
太らなければいけない体質に
なってしまうようなのです。**

体はとても素直だから。
これも、いわば言葉の力です。

正観さんは普通の人よりも
5割増しくらいたくさん食べたそうですが、
40年間体型がスリムなまま、まったく変わらなかったのは、
「わたし、なにを食べても絶対に太らないんです」
と言いながら食べていたからだそうです。

これ、大食いの僕も試してみましたが、
ほんとうに効果がありました。

奥様、ぜひお試しあれ。


あ、あなた、いまひらめいたでしょ？

## 「食べれば食べるほど
## やせちゃうのよねー」

って、言おうと思ったでしょ？
あなたは欲張り過ぎです（笑）
そんなわけないじゃないですか！

……と思ったら、

# なんと、やせるそうです！

「食べれば食べるほどやせちゃうのよね」と言うだけで、
実際に70kgの女性で、2ヵ月で4kgやせた方がいたそうです。

ただ、ここで注意！
「食べれば食べるほどやせちゃうのよね」
と言いながら食べると、体重がどんどん減っていって
止まらなくなる危険性もあるようなので、

**「わたし、なにを食べても
　○kgまでやせちゃうのよね」**

と理想体重を言いながら食べるといいのだそう。

「このひと口がやせる！」
これからはこれだね。

**これぞ世界で一番カンタンなダイエット！**
[出典]『ただしい人からたのしい人へ』小林正観著（弘園社）

## プリン伝説

新潟の田舎の、あるスーパーで実際にあった話です。

そのスーパーは
月に10コほどしかプリンが売れないのに、
あるとき発注数の桁をひとつ間違って
100コ発注してしまいました。

ふだん10コしか売れないのに100コも注文してしまった。

ではあなたに聞きます。
これはなんのチャンスでしょうか？

はい。あなたの聞き間違いではございません。
これはなんの「チャンス」でしょうか？

そうです。
100コ売るチャンスです。

とはいえ、100コも売るには、新聞の折り込み広告を出す
くらいのことはしないといけません。
でも、そんな予算はないんです。

では、これはなんのチャンスでしょうか？
はい。あなたの聞き間違いではございません。
予算がないのは、なんの「チャンス」でしょうか？

そうです。
1円もかけずにプリンを100コ売るチャンスです。

最終的にどうしたのか?
スーパーの入口に、A4のコピー用紙に
マジックでこう書いたものを貼っておきました。
**「あのプリンあります!」**

「え!? あのプリンってなんだろう」とお客さんは思います。
そして歩いてると、今度は床にコピー用紙が貼ってあり、
そこには次のように書かれています。
**「あのプリンここを右折」**

そして、あのプリンの場所へ誘われていくと、
プリンの前にはこんな貼り紙が。
**「これがあのプリンです!」**

お客さんは意味がわかりません。
「これが、あのプリンって? どう見ても普通のプリンだろ!?」

そして今度はレジ前。
**「あのプリン買いましたか?」**

うん。買う。もう、買うよ。
そこまで言うならあきらめて買う(笑)

あのプリン、月にどれくらい売れたと思いますか?

月に10コしか売れなかったプリンが、わずかこの4枚の紙で
**月に1000コも売れたのでした。**
「こんな田舎のスーパーで、プリンが月に1000コも売れるって
　ここが日本一です！」とプリンの業者さんに言われたそうです。

ふだん10コしか売れないのに
間違って100コも注文してしまった。
さて、これはなんのチャンスだったのでしょうか？

**はい。日本一、プリンを売るチャンスでした。**

ピンチはチャンスなのです。

「壁」は「扉」。
あなたの前に立ち塞がっているように見える「壁」は
あなたを新しい世界へ誘う「扉」なのです。

> 今日も容赦なく不幸は訪れるであろう。
> 今日もハプニングは起きるであろう。
> 今日もトラブルはやってくるであろう。
> しかし、それがどうした。
> そこから感動を引き出すのが
> キミの生まれてきた意味だ。
> わかってるよね？

# あなたの最高傑作は？

『チャップリンの黄金狂時代』
『サーカス』
『街の灯』
『モダン・タイムス』
『チャップリンの殺人狂時代』
『ライムライト』

映画史上最も偉大な喜劇王といわれ、
数多くの名作を残したチャップリン。
「あなたの最高傑作は？」
と聞かれて、こう答えたそうです。

## 「Next one」

「次の作品です」と。
チャップリンは終わったものは、
いっさい気にしてなかったんでしょうね。

過去は気にしなくていい。
だって、終わったんだから。

> ちなみにレオナルド・ダ・ヴィンチは、
> 「あなたの最高傑作は？」と聞かれて、
> 「俺だ」って答えたらしい（笑）

## 死を前に一番後悔すること

こんなアンケート結果があります。
アメリカで90歳以上のご老人に聞いたものです。

質問はただひとつ。

「90年の人生を振り返って
　後悔していることは
　なんですか?」

これに対して90％の人が同じ答えだったそうです。
さて、なんだと思いますか？

# 「もっと冒険しておけば よかった」

だそうです。

 3秒セラピー♪

もっと冒険しておこう。

> まだ、僕らは間に合いますから。

##  ツイてる人の深層意識

松下幸之助は、面接のときに必ずこの質問をしたそうです。

# 「あなたの人生は、いままでツイてましたか?」

あなたはどうですか？　ツイてると思います？

東大。京大。早稲田。慶応。
どんなに優秀な大学を卒業していても、

「いいえ。ツイてません」

と答えた人は、採用しなかったそうです。

逆に「すごくツイてました」と答えた人は全員採用。

# 優秀＜ツキ

そう松下幸之助は考えていて、
ツイてる人をなにより優先していたそうです。

ツイてる人の深層意識

では、「わたしはツイてます」と自分で言える人の深層意識には、
なにがあるのでしょうか？

「わたしはツイてます」と言える人の深層には、

**「自分の力だけじゃない」という
まわりに対する「感謝」の気持ちが
必ずあるのだそうです。**

つまり、松下幸之助は感謝の気持ちがある人かどうかを

**「あなたの人生は、
　いままでツイてましたか?」**

この質問で見ようとしていたのです。

根底に感謝の気持ちがある人は、
いま優秀に見えなくても、いま結果が出ていなくても、
必ずいい人材に育つことが
松下幸之助には見えていたのでしょう。

事実、「はい。ツイてます」と即座に答えて
採用された学生たちが課長になるころに、
彼らの企画が続々とヒットしはじめ、

松下黄金期に突入していったそうです。

実は、戦国の武将たちも
このように考える人は多かったようです。

側近中の側近に置く人間を、ヤリの名人ではなく、
九死に一生を得たような「ツイてる人」が
選ばれることがあったそうです。

だから、たとえば
「屋根から落ちても死ななかった人」は、
とても重宝されたわけです（笑）

学生のみなさん。
面接ではこう言ってみよう。3秒で採用されるはず。

「僕はツキだけで生きてきました。
太陽なんて見たこともありません」

**小林正観さんから教えてもらったギャグ（笑）**
[出典]『楽に楽しく生きる』小林正観著（弘園社）

# オフサイドに学ぶしあわせルール

サッカーに「オフサイド」というルールがあるのは
知っていますよね。
でも、オフサイドに、
しあわせに生きる秘密が隠されていることは
知らなかったでしょ？

まず、一応、オフサイドのルールを説明しますね。

## 「ゴールの前で、
## 　ケツを出してはいけない」

というルールではなくて、

## 「ゴール前で、
## 　ボールを味方から受けるときは、
## 　ゴールキーパーのほかに、
## 　もう1人敵がいなくてはいけない」

というルールのことです。

ゴール前では、自分の前に敵がいないときに
パスを受けてはいけないんです。

このルールのおかげで、サッカーって
細かいパス回しが発達したり、
ディフェンスの裏をついたり、
ハラハラドキドキ、
ものすごくおもしろいゲームになっているんです。

「くそー！　あの人さえいなければうまくいくのに！」
と思うことって、ありますよね。

しかし、実はあの人がいるから、
ゲームがおもしろくなっていることに
気づいていましたか？

**障害は、
ゲームをおもしろくする
ルールなんです。**

 3秒セラピー♪

障害が出てきたらこうつぶやこう。
「おもしろくなってきた♪」

タレントのテリー伊藤さんは、世の中で一番楽しい旅行は
修学旅行だと言っています。
なぜなら、門限はあるし、先生の目という縛りがあるから。
この目をかいくぐって出かけたり
女風呂をのぞきに行くからこそ楽しいと（笑）

[出典]『シゴトのココロ』松永真理著（小学館）
『テリー伊藤の遊びベタのための成功法則』
テリー伊藤著（青春出版社）

## 病気になった。さあ、どうする?

100歳近くまで若々しく生きた作家の宇野千代さんは、
病気に対して、こんな発言をしています。

「病気になったら、
　私が一番初めに気をつけることは何かというと、
　それは、どこの病院に行こうか、ということではなく、
　何の薬を飲もうかということでもなく、
　**1日中、病気のことで
　頭をいっぱいにしないことである**」

病気になったときに大切なことは、
病気のことで頭をいっぱいにしないように
心がけること。

なるほど。これは盲点かもしれない。

心理学博士の小林正観さんから
教えていただいた話があります。

ある医療関係者の報告で、
ガンで「余命3ヵ月」と宣告されてから
奇跡的にガン細胞が消滅して治った人たちには
共通項があるというのです。

余命3ヵ月をなんとか1年に延ばそうと
闘病生活にあけくれた人は、

3ヵ月前後で亡くなってしまうことが多かったそう……。

それに対して、奇跡的にガンが消滅した人たちの共通項は、
「ガンをどう治すか」ではなく、

## 「残された3ヵ月をどう生きるか、どう充実させるか」

に考え方を切り替えたことなのだそうです。

その3ヵ月で自分のやりたいこと、
たとえば、絵を描こうとか、俳句を作ろうとか、
同じ境遇の人を勇気づけるようなものを残していこうとか、

## 「自分の生きている時間をどうするか」に切り替えた人が、結果的にガンを消滅させたらしいのです。

「この病気をどう治すか」というのは、
病気で頭がいっぱいの状態といえます。

それよりも、
いまの自分を受け入れる。
そして、いまの自分にはなにができるかと問うてみる。
この3ヵ月で、なにか人を喜ばすことはできないか、と。

病気になった。さあ、どうする?

それができれば、
病気のことで頭をいっぱいにしないですみますから。

すると、
奇跡が起きるのかもしれない。

「人生とは、死ぬまでの間に、
　どれほどの人に喜んでもらえるかを
　ひたすら考えるだけなのです」
　by小林正観

というわけで… 3秒セラピー♪

いま、目の前の人に
どうすれば喜んでもらえるか。
考えるのはそれだけでいい。

> 病気になったら、病気が治ったらなにをするか
> 考えてみればいいんです。
> そしてそれを、もう、やっちゃえばいいんです。
> [出典]『私何だか死なないような気がするんですよ』
> 宇野千代著（海竜社）
> 『究極の損得勘定 part2』
> 小林正観著（宝来社）

# 一件も契約がとれない営業マン

**読者セラピー**

わたしは5年前、住宅関係の営業に転職しました。

何事もやりだしたらとことんやる性格のわたしです。
今回も持ち前のバイタリティあふれる性格と行動で
一生懸命がんばりましたが、
約半年間、一件も契約がとれませんでした。

そして、
**「なにが足りないんだろう?」**
と、毎日悩んでいました。

ある日、女房に相談してみたところ、

「お父さんは、
　なにかが足りないんじゃなくて、
　なにかが多いんじゃないの？」

と言われて、ハッとしました。

自分は契約をとろう、とろう、とするから
相手はとられまいと離れていくんだ。

まず、与えるという気持ちが
なにより大事なんだ。

そして次の日からは、なにかを与えようという思いで
がんばり始めました。

そんなある日、お客さんのところに行ったら、
「別の会社と契約しました」と告げられました。

それはそれはショックで、
肩を落としながら下を向いて歩いていたら、
あることに気づいたのです。

**「そういえば俺の革靴って、
　毎日きれいだよな」**

作業現場に行って泥だらけになることもあるのに……。

後から聞いたんですが、
毎朝女房が磨いておいてくれて、
忙しい朝は、それを見ていた娘が磨いていたというのです。

# このとき、目の前の「ありがとう」に初めて気がつきました。

そして、
自分はそんなことも気づかないくらいに
心の余裕がなかったのか……
とショックを受けました。

それからというもの、
感謝の気持ちを忘れず、
「得る」より「与える」を基本に、
毎日お客さんと接してきました。

**すると、
どんどん契約が
とれるようになったのです。**

おかげさまで、今は夢をかなえ、
営業マンとして独立しました。
お客さんのところに行っては、
持ち前の元気と明るさをさしあげられるようにしています。
そこからのつながりで、仕事も順調です。

というわけで… 3秒セラピー♪

目の前の
小さな「ありがとう」に気がつくとき、
大きな「ありがとう」が降ってくる。

> いつだってしあわせは、足元にあるのです!
> [お話] 高橋啓二さん・45歳・自由業

## 「きぼうってなに？」

**読者セラピー**

僕の4歳の息子の言葉です。

近頃、「……ってなに？」「……ってなんで？」
が口癖の息子。

いつものように、自転車で保育所に迎えに行った帰り道。
でも、この日の「なに？」は、少し違った。

### 「なあ、とうちゃん、きぼうってなに？」

と、突然高尚なテーマ。

ここは、父としてはいかに答えるかが、
大事なところ。
心の中で、いろんな言葉をつぶやく。

わかりやすくて、素敵な言葉が
なかなか思いつかない。
そのとき、ちょうど雲のすき間から
日がさしてきた。

### そうだ！

「きぼうってな、
　くもっていても
　かならず、また、
　おひさんがでてくるってこと」

と言おうとして、
「なあ、いっちゃん……」と呼びかけたら
息子が先にポツリと一言。

# 「きぼうって、じぶんはじぶんやってことやろ」

思いもかけない言葉にびっくりし、
「すごい、いっちゃん」
と自転車をこぎながら、子どもの頭をなでていました。
そして、その言葉を何度も反すうしていました。

「きぼうって、自分は自分やってことや」

あなたがあなたであること。
それが希望です。

I love you, because you are you.
by カール・ロジャース（臨床心理学者）
［お話］豆子ひさしさん・44歳・心理カウンセラー

# 石の上にも三年。その続き

**読者セラピー**

わたしの患者さんであるFさんのお宅で出会った名言を
ご紹介させていただきます。

その方は、頸髄(けいずい)の病気を患い、両手足がうまく動きません。
ひとりで歩くことができないので、
車椅子に頼って生活をしています。

そんなFさんのお宅の壁に、
こんな言葉が貼ってありました。

## 「石の上にも三年」

入院中に、親友から贈られたもので、
Fさんは、とても気にいっている、と言っていました。

石の上にも三年。
忍耐が大切であることのたとえです。
車椅子にひたすら座って、
仕事に出かけたご主人の帰りを待つFさんに
ぴったりの言葉のように思えました。

でも、この言葉には続きがありました。

その続きは、Fさんの親友が考えたようですが、
実はFさん、その続きのほうが好きだ、と言っています。

「石の上にも三年。三年も我慢したのは石のほう」

## 「三年も我慢したのは石のほう」

Fさんはこう言っています。
「つらい思いをしているのは自分だけじゃない。
　わたしはまわりの人にいっぱい支えられている」

Fさんは、自分を支えてくれるご主人、
お手伝いしてくれる介護の方々、連絡をくれる友人、
自分が使っている車椅子など、
多くのものに感謝しているそうです。

わたしが担当していたころは、
動かなくなった足を憎んで、よくたたいていました。
しかし、いまではその足をたたくことはせず、
不自由な足にすら感謝するようになっています。
毎日、いっぱい感謝することがあるそうです。

「三年も我慢したのは石のほう」

あなたはひとりじゃない。

あなたを支えてくれている人がいることに気づこう。
［お話］すっこやかさん・35歳・病院職員

## HAPPY イヌイットが絶対口にしない言葉

厳しい気候である北極圏に住むイヌイットの人たちは、
毎日、生命の危機に立たされています。

そんな彼らが、
絶対口にしない言葉があるそうです。

それは、「**がんばろう**」という言葉。

# がんばると、筋肉が硬直してしまうから。

だそうです。


北極圏という極寒の地で、
筋肉の硬直は致命傷になります。
飛び越えられるはずのクレバスも、
「がんばる」と、
飛び越えられなくなってしまうのだとか。

では、イヌイットの人たちは、
クレバスを飛び越えるとき、
がんばる代わりに、なにをすると思いますか？

## みんなで
## 冗談を言い合うのだそうです。

笑ってリラックスしてから、飛ぶのだとか。

「ねえ、ねえ。お前、鼻水がツララになってるよ」

と言うかどうかまでは、定かではないようですが（笑）

### というわけで… 3秒セラピー♪

がんばらなきゃいけないときこそ
ニッコリ笑おう。

笑い過ぎてクレバスに落ちるのが
しあわせ1級です（笑）

[出典]『"ごきげん"な自分になれる本』伊藤守＋坪田一男著
（大和書房）

# うつになる方法

「うつになる方法」を知ると、
「人生を変える方法」がわかります。

僕が心理学を教わった
日本メンタルヘルス協会の衛藤信之先生は、
学生のころ、アメリカの大学で心理学を学んでいました。
その大学にはこんな先生がいたそうです。

## 「うつになったこともないわたしが、うつの人の気持ちがわかるわけがない」

と、その先生はうつになる方法を模索したそうです。

懸命な試行錯誤の結果、
先生はついにうつになる方法を発見したのです。

あることを3ヵ月続けると、
どんな人もほぼ間違いなく
うつになることがわかったのだそうです。

その方法とは……

# 1日1000回
# ため息をつくこと。

1日1000回のため息を3ヵ月続けると、
ほぼみなさんうつ状態になるそうです。

その先生も見事にうつになりました。
うつになって、なんと授業にも学会にも
顔を出さなくなってしまったのです。

生徒たちがかけつけると、
先生は気だるそうにこう言ったそうです。


**「学会なんて出たところで
　意味ないだろ」**


もう、本物のうつ状態です！（笑）

しかし生徒たちのカウンセリングのおかげで、
なんとかうつを脱出！
そして、その先生はうつが治っていくプロセスで
見事、博士号をとったのです。

するどいあなたならお気づきのことでしょう。

うつになる方法

そう。

しあわせになりたければ、
楽しく生きたければ、
この逆をやればいいのです。

そう。ため息をつかずに……

## 笑えばいいんです。

というわけで… 3秒セラピー♪

しあわせだから笑ってるんじゃない。
笑ってるからしあわせになるんだ。

こうなったら、笑うしかない!
[参考] 日本メンタルヘルス協会　衛藤信之先生
http://www.mental.co.jp/

# 人生は、大丈夫 ♪

**読者セラピー**

ひすいさんの友だちのよっちゃんです。

「よい言葉を使うと、よいことを引き寄せる」
ということは、最近はよく知られるようになりました。
斎藤一人さんは「ツイてる」
小林正観さんは「ありがとう」
が定番です。

で、僕が広めてほしいなと思っている言葉が、

## 「大丈夫」

実は、これ、うちの母親の口癖なんです。

小さいときはよく親に相談しますよね。
ほんとうにささいなことから、
進路相談といった大きなことまで。
僕も相談ごとがあると、一応母親に話してみるんですが、
第一声が、必ず「大丈夫」なんです。

## 必ず、まず、
## 「大丈夫」

「大丈夫。あんたがそう思ってるならやってみなさい」

「大丈夫。必ずうまくいくから」

「大丈夫。一生懸命やって後悔することはないから」

いつだって返事は「大丈夫」シリーズで返ってきます。

中学生くらいまでは素直に
母親の「大丈夫」を聞いて安心していたんですが、
高校生くらいから、
母親には何を聞いても同じ返事だから、
「自分で考えよう！」と悩んだ時期もあります。

# でも、やっぱり「大丈夫」なんですよ。

せっかく時間を使って悩んでも、
悪いことはなにも起きないんです。
で、いまではすっかり、毎日「大丈夫」になりました。

いま、振り返って、母を「すごい！」と思うところは、
腹の底から「大丈夫」だと思っているところです。

わたしは、母が悩んだり、落ち込んだりしているのを
見たことがありません。
心は苦しいけど、言葉だけはよい言葉を使おう！
というのとは全然違います。

「悪いことはなにも起きないと固く信じている」
というよりは、

## 「悪いことが起きる  という概念がない」

しかも！　それだけじゃないんです。

## 「大丈夫」が口癖になると、  体が「丈夫」になるという  特典までつくのです。

うちの母は体も健康なんです。というか頑丈です。

風邪くらいは引いたことがあるのかもしれませんが、
病気にもならないし、腰痛とか肩こりもいっさいなし。
そして、体型も日本人女性としてはかなり大きいほうです。
母は甘いものがものすごく好きで、
3食、食後にデザートを食べています。

齢50を過ぎていますが、
なんと……体脂肪率も同じくらいあります。


で、ある日、いたって健康なんですが、
なにかの理由で、
病院で検査を受けることになりました。

人生は、大丈夫♪

そして、検査の結果を
お医者さんに告げられるときがやってきました。
お医者さんから出た言葉は、

## 「ただの肥満です」

母は最初意味がわからなかったそうですが、
お医者さんが言いたかったのはこういうことでした。

「この年齢でこれだけ太っていて、
　検査の数値がすべて正常というのは珍しい。
　内科で問題がなくても、腰が痛いとか、膝が痛いとか、
　必ずそういう症状が出ているはずだ。
　だけど、あなたはすべて正常である。
　だから、ただの肥満と言うしかない」

というわけで…3秒セラピー♪

なにが起きたって、
なにが起きたって、
なにが起きたって、

大丈夫♪

「大丈夫。いくら食べてもただのデブ」
[お話] よっちゃん・28歳・作家

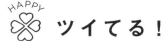 ツイてる!

僕の会社のボスの娘さんの友だちの話です。
会社のボスの娘さんの友だちの、
となんだかややこしいのですが、
話はシンプルなので、安心して聞いてください。

ボスの娘さんの友だちが足を骨折したときのことです。
松葉杖をついて駅の階段を下りていると、
これまた転んでしまい、今度は鼻を複雑骨折してしまいました。

この人、ツイてないなーって思いました?

**実は、本人は喜んでいます。大喜び。**

複雑骨折した鼻は、整形手術をするしかなくて、
鼻を整形したら、
なんと、むちゃくちゃ美人になってしまったのです。

# ツイてる!

鼻ひとつでも、ずいぶん印象が変わるようで、
ボスの娘さんも、かわいくなった友だちを見て、
「いいなー」とうらやましがっているそう。

ツイてる！

別に、もう一例あげましょう。

僕のお気に入りのラーメン屋のご主人さんに
「なんでラーメン屋をはじめたんですか？」
と聞いてみたことがあるのですが、
「勤めていた会社が倒産したから」という理由でした。

倒産したのでなにかやらないと……
と新しい一歩を踏み出してみたら、
結果的に、大人気のうまいラーメン屋さんになりました。

## ツイてる!

というわけで… 3秒セラピー♪

難が有るから有難う。

> いやなことがあったら、考えてみて。
> それはほんとうにいやなことなんだろうか？　と。
> 3ヵ月後、1年後、そのいやなことのおかげで、
> あなたはニコニコしているかもしれませんよ。

# 夢破れたキミへ。

砂漠を歩いていたときのことです。

灼熱の太陽のもと、
僕の肌は炎症を起こしたように
ドス黒く日焼けをし、
意識ももうろうとしていました。

僕はここで死ぬのか？

僕は神に祈りました。

## 「神様、どうか僕を助けてください」

すると、神様があらわれたのです。

これは夢なのか。
現実なのか。

もう僕にはよくわからない。

あらわれた神様は僕にこう言ったのです。

## 「わたしはあなたを
　助けることはできない。
　しかし、あなたの願いを
　3つかなえてあげよう」

ひとつじゃないのか。3つもいいのか。
ツイてる。

まずは水だ。
僕は、「好きなだけ水を飲みたい」
とお願いしました。

しかし、あとふたつも願いがかなうのです。

「日焼けが痛いから白い肌に戻してくれ」
そして、
「砂漠から出たあとは女性のアソコをたくさん拝みたい」

「以上、これで3つだ」
と神様に言いました。

神様は、
「OK。3つの願いを同時にかなえてあげよう」
と言いました。

**その瞬間、
僕はきれいな白い便器に
生まれ変わっていました。**

願いは、すべてかなった。

というわけで… 3秒セラピー♪

夢がかなわなかったキミへ。
行きたい道が、行く道とは限らない。
行った道が、あなたの行くべき道です。

> ちなみにこの話は僕のほうで少しアレンジさせてもらいましたが、
> もとは先崎さんの作り話です。
> 先崎さんのセンス、大好きです。
> ［出典］『フフフの歩』先崎学著（講談社）

## 1円もかけずに自分を変える方法

ズバリ言いましょう。

**「そうじ」であなたの人生は変わります。**

たとえば、80年代のニューヨークの犯罪件数を
激減させたきっかけが、
そうじだったってご存知でしたか？

80年代、ニューヨーク市では、
年に60万件以上の重罪事件が起きていたそうです。
しかし、90年代に入ると、急速に犯罪件数が激減します。

犯罪都市の流れを変えたのはなんだったのか。

新しい公団総裁になったデヴィット・ガンは、
地下鉄を徹底的に清掃する方針を打ち出し、
まず、落書きをきれいにすることからはじめました。

すると、地下鉄の重罪事件は75%も減ったのです。

環境の乱れが気の乱れになり、
そこに住む人たちと共鳴して、
乱れた行動に拍車をかけているところに根本原因があると
新総裁は見抜いたのでした。

ディズニーランドも、それを見抜いてます。

ディズニーランドには、
「カストーディアル」と呼ばれる清掃スタッフが
600人もいるそうです。
そして、自分のエリアを15分ごとにまわって、
きれいな空間を作り出しているんです。

夢の世界にゴミはない。
ゴミからはゴミの波長が出てしまうからです。

僕の友人にオフィスのそうじを10年以上手がけている
そうじのプロフェッショナルがいます。
舛田光洋さんと上出真輝さんです。

心を込めてそうじをしていると、
不思議なことが続々と起こるようになったそうです。

そうじをした会社の業績がアップするのは日常茶飯事。
家族関係が改善、臨時収入が入ったりも当たり前。

そうじで奇跡を起こす、彼らのやり方はこうです。

はじめる前に、その会社のみんなが笑顔で
仕事をしているところをイメージします。

で、次に「ありがとう」「ありがとう」と
口に出して言いながら、ていねいに隅々まで磨き上げる。

アルバイトで入った子も、

もくもくと「ありがとう」と言いながら磨いていると、
感謝の思いがわき上がってきて、
思わず泣き出してしまう人もいるそうです。

**これが、そうじの醍醐味。**

**そうじだけに、大ゴミ。**

……失礼しました。

こうすることで、目に見えない空間までをも
きれいにすることができるのだそうです。
目に見えない空間がきれいになるとどうなるのか？

# そこに天使が舞い降ります。

「そうじで奇跡が起きる」と数々の事例を見てきた彼らは、
「そうじ力研究会」を立ち上げ、本も多数出されています。

上出さんがそうじの力を実感しはじめたきっかけは、
「ありがとう」と声に出して

自宅のキッチンを
磨き上げるようになってからだと言います。

すると、まず奥様との関係がガラッと変わりました。

以前は奥様へ「うるせー。お前はだまってろ！」
と言っていた彼が、
そうじをはじめて半年で、
奥様が天使に見えてきたのだそうです（笑）

最初は「ありがとう」と口にするだけでいいようです。
心はこもってなくてもいい。
ただ「ありがとう」と声に出しながら
そうじを続けていくと、
感謝の思いが自然にあふれてくるんだそうです。

先日彼は、20年間便秘に悩んでいる知り合いに
「『ありがとう』って言いながら、
　まずはトイレをそうじしてみてください」
とアドバイスをしたそう。

そして、その後「どうですか？」と聞いたら、
「やってません」と。

でも、やれば間違いなくなにかが変わると、
多くの体験を目の当たりにしている上出さんは、
その知り合いの家まで行ってトイレそうじをしてあげて、
便器にほほをスリスリして見せて、

1円もかけずに自分を変える方法

「ここまでできるくらいに磨いてくださいよ」
と言ったのだそうです。

すると、30日たったころに、
「便秘が治ってしまいました！
　20年間なにを試してもダメだったのに」
と驚かれたとか。

上出さんは、
「まず21日間続けてみてください」と言っています。
経験的に見ても、3週間くらいで変化を感じる方が
多いのだそうです。
だから、少なくとも21日間は続けてみてくださいね。

「見えないところをきれいにすると
　見えるところが光り出す」by松下幸之助

便器の中にズボッと手を入れて
「ありがとう」と言いながら
ていねいにそうじをする。
あなたになにが起きるかは、そのときのお楽しみ。
[出典]『夢をかなえる「そうじ力」』舛田光洋著（総合法令出版）

#  スーパーヒーローの秘密

　　　いま中国で大人気のニッポンのメンズは誰でしょうか？

1）小栗旬
2）浅野忠信
3）徳川家康
4）ひすいこたろう

間違いなく4だろ、と答えてくれたあなた。
ありがとう！
僕の本は中国版も出ているので、
確かに、ひすいファンは中国にもいるのですが、

リーさんと
リーフイさんと
イーリンさんと
ワンさんと
チェンさん

僕が確認している限り、
中国でのひすいファンは、残念ながらこの5名のみです（笑）


では、
中国で一番人気があるニッポンのメンズは誰かというと……

# ダントツ、徳川家康です。

徳川家康の伝記は中国でベストセラーになっています。

実は徳川家康の本を中国でしかけた
敏腕出版プロデューサーがいます。

中国の方なのですが、
この方が手がけると、かなりの確率で
ベストセラーになるのだとか。

では、その天才プロデューサーは
なぜ、徳川家康に注目したのでしょうか？

織田信長でもなく
坂本龍馬でもなく
聖徳太子でもなく
宮本武蔵でもなく
ひすいこたろうでもなく
なぜ、徳川家康なのか？

その理由に僕は驚愕しました。


敏腕プロデューサーが家康に注目した理由は……

う

ん

と

ね

う

ん

こ

だよ。

そう。

# ウンコ(^^♪

ウンコウンコ（^^♪

徳川家康は生涯で一度、三方ヶ原の戦いで、
完膚なきまでに叩きのめされた負け戦をしています。
相手は戦国きっての名将・武田信玄でした。

スーパーヒーローの秘密

どれだけの負け戦かというと、
怖くて怖くて家康は逃げながら、
ほんとうにウンコをもらしてしまったほどの、
負け戦でした。
ウンコをもらしたあたりも、ちゃんと文献に記されています。

中国では英雄（ヒーロー）がウンコをもらす場面など絶対NG。
ありえないのだとか。
ヒーローは完全無欠に描かれるからです。

しかしニッポンのヒーローは違った。
ヒーローもウンコをもらすのです。

そして、ここからです。
家康は、負けた後がすごかった！

逃げ帰った家康が真っ先にしたこと。
自分の絵を描かせたのです。
ウンコの絵ではありませんよ！
逃げてきた情けない自分を絵に描かせたのでした。

**自分の戒めとして、
どうしようもなくかっこ悪い自分と
真正面から
向き合うためです。**

そして、

「いつか見てろ。このままでは終わらせない。
　必ず立ち上がってみせる」
と自分を奮い立たせました。

情けなくて、
かっこ悪くて、
どうしようもない自分から、
逃げずに、目を背けずに
一番弱い自分とともにあり続けた男が、最後は天下をとった。

それが徳川家康です。

弱いなら　弱いまま行けばいい。

人は強さに感動するんじゃなくて
弱いまま一歩一歩進んでいく姿勢に感動するんだ。

だから、ダメならダメなまま行こう。
しょぼいならしょぼいまま行こう。
まるごとの自分で行こう。

自分の弱さを受け入れることができたら、
それが天下統一です。

# by Ludwig van Beethoven

「勇気を出せ。
　たとえ肉体に、いかなる欠点があろうとも、
　わが魂は、これに打ち勝たねばならない。

　25歳、そうだ、もう25歳になったのだ。
　今年こそ、本物になる覚悟をせねばならない」

by Ludwig van Beethoven


これは、音楽家ベートーヴェン25歳のときの手記です。
耳が聞こえなくなっていく病気・聾疾（ろうしつ）の症状が出始めたとき、
ベートーヴェンは、25歳でした。

音楽家を志す者にとって、
日々、耳が聞こえなくなっていくのは、

**すさまじい恐怖**
**すさまじい絶望**
**すさまじい苦悩**

だったと思います。

しかし……


しかし……

ベートーヴェンの作品「交響曲第1番」をのぞく
全作品は、
全作品は、

## 聾疾になってから
## つくった曲なんです。

 3秒セラピー♪

「勇気を出せ」
by Ludwig van Beethoven

大丈夫。
**人生はあなたを裏切らないから。**

[出典]『ベートーヴェンの生涯』
ロマン・ロラン　片山敏彦（訳）（岩波書店）

# 誕生日にありがとう

**読者セラピー**

誕生日をお祝いされたことってありますよね？
あなたの誕生日をお祝いしてくれた人を、
思い出してみてください。

その人はどんな人ですか？

その人は、
365日あなたのことを覚えていた人です。

**365日あなたのことを
忘れなかった人です。**

だから、ちゃんとぴったり誕生日にお祝いできたのです。

というわけで… 3秒セラピー♪

365日ありがとう！

> 友だちからこのことを教えてもらって、
> 誕生日をお祝いしてもらえることは
> すごくしあわせなことなんだと、気づきました。
> 誕生日以外の364日にも「ありがとう」を言えました。
> by 野澤卓央さん
> [お話] 野澤卓央さん・29歳・経営者

# 七福神の共通点

福の象徴とも言える七福神ですが、
七福神をよく観察してみると
実は、そこに幸福の秘密が隠されています。

「中陰の花」(2001年、文藝春秋)で芥川賞を受賞した作家でもあり、
お寺の住職でもある玄侑宗久さんの
インタビュー記事で読ませていただいたお話です。

まず、七福神を思い浮かべてください。

なにか七福神の共通点に気づきましたか？

## 「七福神の共通点なんて　なにも見当たりません」

と思った方、それ、正解です！

七福神の大黒天、毘沙門天、弁財天はインド出身、
恵比寿様は日本出身で、あとの神様は中国出身。
つまり国籍はバラバラ。

女性もいれば男性もいる。

七福神なんだから、みんな福耳かと思えば、
そうでない人もいる。

てんでバラバラ。

七福神の共通点

てんでバラバラな人たちが集まって、
でも、楽しげにしている状態を……

# 「福」と言うのだそうです。

違う個性をニッコリ受け入れられたら、
あなたこそ8番目の八福神です。

> 相手の長所を見ること、
> それがニッコリ受け入れる秘訣です。

## 命の延ばし方

意外なものがあなたの寿命を決めていた、
というアメリカの調査報告です。

早死にするタイプと長生きするタイプ。
この違いを分けるものはなんなのか。
7000人以上を対象に
9年間も追跡調査をしたそうです。

喫煙量、飲酒量、仕事ぶり、社会的地位、
経済状況、人間関係など、ほんとうに細かく徹底的に。

すると、意外な真実にたどりついたのです。

「タバコやお酒は寿命に影響してくるだろう」
　という当初の予測が外れていることが、
　まずわかったそうです。

無関係ではないにしろ、
それほど大きな影響を持っていなかったのです。

では仕事ぶり？　社会的地位？　経済状況？
いいえ、どれも決定的な要因ではなかったそうです。

そして突き止めたのです。
寿命の長い人たちのたったひとつの共通点を！

命の延ばし方

なんと、それは、
# 「友人の数」
だったそう。

友人の数が少ないほど、
病気になりやすかったことがわかったそうです。

喜びを分かち合える友人と過ごす時間が、
ストレスを大幅に緩和してくれているのでしょうね。

今日は気の合う友だちと、飲みに行こう。

> あなたの命を延ばしてくれるんだから
> 今日はあなたのおごりですよ（笑）
>
> [参考文献]『「成長のヒント」人生・仕事の潮流が変わる秘密と秘訣』小田真嘉
> https://ameblo.jp/odamasayoshi/

##  ねえ、ねえ、知ってた？

＊ねえ、ねえ、知ってた？
ボリビアで暮らしてる友だちがいるんだけど、
「じゃあ明日ね」と約束しても、
約束が守られるケースは少ないんだって。

「なんで約束破るの？」
「いや。晴れてたから釣りに行っちゃった」って。

あくまでも、その瞬間の気持ちを優先する。

ここでは、
「なんで約束破るの？」
という考えのほうが
非常識みたい。

# そんなの絶対
# おかしくない？

＊ねえ、ねえ、知ってた？
おおざっぱで細かいところは気にしない血液型といえば、
〇型ですよね。
でも、中国では、それはA型の特徴と考えられてるみたい。

# そんなの絶対
# おかしくない？

＊ねえ、ねえ、知ってた？
僕らは小さいころ、頭なでなでされると、
心が安らぎましたよね。
でも、タイでは、それは絶対やってはいけないこと。
たいへん失礼な行為になるのです。

# そんなの絶対
# おかしくない？

＊ねえ、ねえ、知ってた？
北極圏のイヌイットという部族の人たちは
お客さんが来ると、
夜、その家の奥様が
はだかで
あなたの布団に入ってくるんだよ。
それがお客様への最高のおもてなしだとか。

# そんなの絶対
# おかしくない?

＊ねえ、ねえ、知ってた?
日本ではちょっとエッチな色というとピンク色だけど、
アメリカではエッチな色は青色なんだよ。
だから「ピンク映画」は「ブルーフィルム」っていう。
スペイン語では緑色がエッチだから
「viejo verde」(緑の老人)と書いて「エロじじい」という意味。
中国は黄色がエッチ。だからアダルト映画は「黄色電影」です。


# そんなの絶対
# おかしくない?

＊ねえ、ねえ、知ってた?
昔の人は、右手、右足を同時に出して
走ってたって。
昔の絵を見ると、飛脚は、たいていそう描かれてますから。
いまの人の走り方と、まったく逆だったんです。

ねえ、ねえ、知ってた？

昔の人は、そのほうが速いと思ってたから、
そっちのほうが実際に速く走れたんです。
つまり、どう思うか次第ってこと。

# そんなの絶対
# おかしくない？

 3秒セラピー♪

あなたの「常識」は
他人の「非常識」。

> みんな「自分は正しい」って思っているからケンカになる。
> 「相手も正しい」ってわかっていることを「優しい」といいます。
> [参考文献]『常識を疑うことから始めよう』ひすいこたろう＋石井詩織著
> （サンクチュアリ出版）

#  精神が健康である基準

精神科医の中井久夫教授は西洋医学を学び、
患者さんを治療していました。
精神科の場合、一番悩むのが、
患者さんがどうなったら退院許可を出していいのか、
その判断基準だそうです。

そこで苦心の末、中井教授が考え出したのが、

## 「精神健康の基準」

「精神が健康である」ことの証ともいえるこの基準は、
入院病棟の看護師たちに配布されました。

精神科の患者がこの基準を満たす状態になれば、
病気が回復したとして
退院の許可を出すことにしたのです。

以降、この基準に合格した患者さんたちからは自殺者が出ず、
ちゃんと社会復帰できるようになっていったそうです。

次は、中井教授の考えた
**「精神健康の基準」**の一部です。

- **いやなことは自然に後まわしにする能力**
- **できたらやめておきたいと思う能力**
- **ひとりでいられる能力、またふたりでいられる能力も必要**

### 精神が健康である基準

- ウソをつく能力
- いい加減で手を打つ能力、意地にならない能力
- しなければならないという気持ちに対抗できる能力
- 精神を無理に統一しない能力

あなたの読み間違いではありません。

「いい加減」でやめる能力がない人は、退院できないのです。
「ウソをつけない人」は、退院できないのです。

## 「いい加減」とは「良い加減」のこと。

あなたは理想の自分に
縛られ過ぎていませんか？

目標に縛られて、足元のタンポポを見落としていませんか？

いまのあなたにOKを出してあげよう。
Take it easy！

> そして、時には好奇心のおもむくままに動いてみよう。
> それがあなたの目標に対して、
> 道草であっても。寄り道であっても。
> [参考文献]「もりけん語録集」森田健 http://www.moritaken.com/

# 神様をやる気にさせる方法

まわりの人から愛されて、
楽しいことが次々に起こる方法をお伝えしましょう。
これも見方道・家元、小林正観さんから
教わったことなんですけどね。

まず、あなたのまわりで、
「この人が困っていたら、わたしはなんとしてでも助ける」
という友人を思い浮かべてください。

どうして、あなたは
その友人を思い浮かべたのでしょうか？

その人のどんなところが、
あなたを助けたくさせているんだと
思いますか？

それがわかると、
楽しいことが次々に起こる秘訣がわかります。

あなたが思い浮かべた友人は、ちょっとしたことでも、
とても喜んでくれる人ではありませんでしたか？

動物にはない人間だけの本能。
それは、「喜ばれるとうれしい」と感じることだそうです。
だから、喜んでくれる人は、愛されるのです。
喜ばれると、人はやる気になりますから。

ところで、虹をよく見る人って、どういう人かわかりますか？

神様をやる気にさせる方法

## 虹が大好きな人なんです。

茶柱がよく立つ人って、どんな人かわかりますか？

## 常日ごろ、茶柱が立つとうれしいって
## 強く思っている人なんです。

もし神様がいるとしたら、やっぱり、
ちっちゃなしあわせや、ささいなことでも、
喜んでくれる人のために働こうか、と
思うのではないでしょうか？

なにをしてあげても、ブスッとしてる人。
ちょっとしたことでも、喜んでくれる人。
あなたはどちらを応援したくなりますか？

というわけで… 3秒セラピー♪

日常のささいなことに喜びを見出していくと、
雪崩のごとく、うれしいことに
見舞われます。

ということは、お金の神様に愛されたかったら……
街で1円見つけたら、むちゃくちゃ喜べってことになりますね（笑）
［出典］『究極の損得勘定』小林正観著（宝来社）

## ラン、ラン、ラン♪

『ツキを呼ぶ魔法の言葉』の著者、
五日市剛さんの講演会で、
素敵な「歌」を教わりました。

「ピッチピッチ、チャップチャップ、
ラン、ラン、ラン♪」
という歌のフレーズがありますよね？

人生で困ったときに、
このフレーズを歌うといいそうです。
ただし、歌詞をこのように少し変えて。

**「ピンチ、ピンチ、チャンス、チャンス、
ラン、ラン、ラン♪」**

 3秒セラピー♪

困ったときこそ「ありがとう」と言うと、
ピンチはチャンスになって
ラン、ラン、ラン♪（笑）

---

水中で溺れたとき、ジタバタするともっと沈んでいきます。
でも、体の力を抜くと、一瞬で浮上できます。
深刻になってる自分を、笑っちゃえばいいんです。
ラン、ラン、ランって。
［参考文献］『ツキを呼ぶ魔法の言葉』五日市剛講演筆録
（とやの健康ヴィレッジ）

## 今日は死ぬのにもってこいの日

アメリカ先住民のプエブロ族の人たちは、
なんと、自分の死ぬ日が前もってわかるらしい。

だから、自分の死ぬ日をすごく大事にしているのだとか。
で、自分の死ぬ日になにをするかというと、

**仲間と盛り上がるらしい。**

みんなを家に招待して、
楽しい話をしまくって
盛り上がって
ニッコリ笑って死ぬのだとか。

# 死ぬ日を、
# 人生最高の日に
# するのだそう。

たまにカンが狂うこともあるようです。
盛り上がって、死なないときもあるのだとか。

そんなときはこう言うそうです。

## 「どうも間違ったらしいから、また来てね」

どうして、自分が死ぬ日に
盛り上がれるのだろうか。

それは、死ぬ日というのは、
自分のやるべき役割をやりきった日だからです。

「生き切ったぜ！　ベイビー！」
その充実感で盛り上がるんです。

僕らもそんなふうに生きたいですよね。

### 3秒セラピー♪

二度と無い人生
生き切ろう！

**間違ってもいいから（笑）**

[出典]『今日は死ぬのにもってこいの日』
Nancy Wood, Frank Howell　金関寿夫（訳）
（めるくまーる）

CHAPTER 2

# お仕事
# セラピー

働くのがグッと楽しくなる視点
［ビジネスの達人コース］

# 売れない人の共通点

コンサルタントの大前研一さんが
マッキンゼー時代に車メーカーの
コンサルティングを請け負ったときの話です。

大前さんはまず現場を知るために、
営業マンを3人1組にして、
インタビューを繰り返しました。

これを全国で、何組もやっていくうちに、
・売れる営業マン
・売れない営業マン
その違いがはっきり見えてきたそうです。

売れない営業マンたちの
共通点はなにか。

売れない営業マンはみな、
あることがとても上手なんだそうです。

なにがうまいかというと……

**売れない営業マンは
売れない理由の説明が
むちゃくちゃうまいそうです（笑）**

だからお客さんが商品に対する不満を述べたとしたら、
待ってましたとばかりに、
商品の欠点についての持論を延々と述べてしまいます。

たとえばお客さんに、

「今度の新車、振動音がうるさいわね」

と言われたら、売れない営業マンは
その指摘をストレートに受け止め、

「エンジンを重視したから、
　多少振動音がうるさくなるんです」
と理路整然と説明をはじめてしまうのです。

では売れる営業マンはどう対応しているかというと、

「え、うるさいですか？
　じゃあちょっと一緒に試乗してみましょう」
と車に乗り、

「ところで買い物はどこに行くんですか」
と車とは関係ない話をして、
最後に、

「ね。そんなにうるさくないでしょ？」
と言うのだそうです。

売れない人の共通点

すると お客さんは、

「あ、意外と気になりませんね。買います」
となります。

会話をしていれば、確かに気になりませんもんね（笑）

**売れない営業マンは、
マイナス面、欠点にとても敏感。**

**売れる営業マンは、
マイナス面、欠点にとても鈍感。**

欠点がないことが一流の証ではありません。
むしろ自分の欠点に鈍感なことが、
売れる人の共通点です。

あなたの短所、OKです！
[出典]『ドットコム仕事術』大前研一著（小学館）

## 革命の起こし方

その昔、個人の宅配便は郵便局が一手に受けていました。

そこに乗り込んだのがクロネコヤマトの宅急便、
小倉昌男さんです。

荷物といえば誰もが郵便局へ
という時代ですから、
ライバルは限りなく強い。

では、クロネコヤマトの宅急便は
無敵の郵便局の牙城にどう切り込んでいったのか。

状況をひっくり返して革命を起こす場合、
一番重要になるのは、
意表をつく「一言」だと
僕は思っています。

長々と語っても、誰も聞いてくれません。
たった一言で、
「お！」と思ってもらえるかどうかが勝負です。



クロネコヤマトの宅急便がかかげた
一言は……

革命の起こし方

# 「今日預かった荷物は明日届けます」

いまでこそ、今日頼んだ荷物が明日届くのは常識ですが、
そんなの絶対に無理！　という時代に、
この一言をかかげたのです。


それからの7年、小倉さんは、売上げのことは
いっさい言及しなかったそうです。

そのかわり、彼が徹底したのは
**「ちゃんと届いたのか？」**
というチェック。

今日の荷物を明日届けるためには、
先方が留守であってもいけないわけです。
配達時間を午後6時から9時まで延長し、
システム全部に手を入れました。

「今日預かった荷物は
明日届けます」
この一言を実現するために、
すべてをかけたのです。

当然、残業代と人件費はふくれあがりました。

「そんなことをしていると会社が赤字になります」
と忠告してくる社員もあらわれたそうです。
それに対する小倉さんの言葉は、

**「そんな計算をしている人間が
　一番ムダなんだよ」**

状況をひっくり返したいときは、

# 何が何でも、これをやる。

一点突破です。

「一番大事なものに一番大事な命をかける」
by相田みつを

いま、なにが一番重要なのか。
そこを見極めて一点集中です。
[出典]『論理的に考えないほうがうまくいく!』
中島孝志著（講談社）

# WORK やりたいことが見つからない人へ

「やりたいことが見つかりません」と言う人は多い。

## 「どこかに『好きな仕事』が あるわけではない。 目の前にある仕事を 好きになれるかどうかだ」

前出の、クロネコヤマトの小倉昌男さんの言葉です。
小倉さんは、恋愛に関しても同じだと言っています。

## 「どこかに『理想の相手』が いるわけではない。 現実の出会いの中で、 その相手を好きになるかどうかだ」

というわけで… 3秒セラピー♪

あなたはいまやっている仕事の好きなところを
いくつ挙げられますか？
いま、あなたの目の前にいる人の好きなところを
いくつ挙げられますか？

> 好きなところをたくさん見つけられる能力、それがしあわせ力。
> 嫌いなところをたくさん見つけられる能力、それが不幸力。
> どっちも同じ労力。だったらあなたはどっちを探したい？
>
> [出典]『「なんでだろう」から仕事は始まる！』
> 小倉昌男著（講談社）

#  ナイス！ バカ

　アメリカのGE社の家電製品開発会議での
有名なエピソードです。

「トースターって、使わないでしまっておくと、
　ネズミが寄ってきますよね。
　衛生上よくないから、
　ネズミ捕りつきトースター
　ってのはどうでしょう？」
と、会議の席でふざけたアイディアを出す社員がいました。
それに対して上司は、

「バカ！　そんなの売れるわけないだろ！
　もっとまじめに考えろ！」
……とは、怒らなかったそうです。

実際の会議は、こうでした。

「トースターって、使わないでしまっておくと、
　ネズミが寄ってきますよね。
　衛生上よくないから、
　ネズミ捕りつきトースター
　ってのはどうでしょう？」

「アホなアイディアだねー♪
　ところで、なんでネズミが寄ってくるの？」
と、上司はバカな意見を出した社員に質問しました。

ナイス！バカ

「パンくずが残っているからですよ。
　**あッ！！！！**　だったら、
　**パンくずがたまらないトースター**
　って、つくれませんか？」

**「そ、そ、それだよ！　それ！」by上司**

こうして生まれたGE社のトースターは、
世界中で大ヒット。じゃんじゃん売れました。

アメリカでは、その分野の常識を知らないシロウトを
会議に加えて、自由に発言してもらうという手法があります。
「ODOMAN（その場の常識を知らない半端者）」というのですが、
バカなことをドンドン発言してもらい、発想を広げるのです。

日本でも、村おこし成功の秘訣は、
「若者、よそ者、馬鹿者」がカギを握るなんて言われます。

というわけで… 3秒セラピー♪

バカなことを言う人も、
愛してあげましょうね。

たまにでいいですから（笑）

## かっこいい日本人を見よ

いまから160年前。
嘉永6年（1853年）6月3日。
その日、江戸の空は晴れ上がっていた。

そこに突如として、
アメリカ合衆国ペリー提督率いる米国艦隊が、
江戸湾入口の浦賀沖にあらわれたのです。

## 黒船来航です。

それまで鎖国をしていたNIPPON震撼です！
当時、日本の船といえば手漕ぎですから！

しかも、やってきた黒船は鋼鉄でできた蒸気機関船。
日本の大型船の約19倍の大きさでした。
19倍の大きさのゴキブリがあらわれたら驚くように（笑）
当時の日本人も仰天しました。

帆を使わずに煙突から煙をはき、
潮風に逆らって突き進む。
まるで城が走っているよう……。

## ありえない！

当時は、ヨーロッパ各国が侵略によって
海外領土を拡大していった時代。
アジアの国々が、
次々に彼らに植民地化されていった時代です。

先進国だった清国（中国）ですら、
あっけなく大敗したのです。
清では、外国人が我がもの顔で歩き、
清国人たちがコソコソ逃げ隠れするような状況にまで
なっていました。

「日本もボコボコにされる！」と、
恐怖におののくのが、普通の感覚でしょう。

しかし、その黒船を見て、
こう思った日本人がいたんです。

## 「僕は乗りこむぜ」

吉田松陰です。
当時24歳。
そして、ほんとうに命がけで乗りこんだ。

また、その黒船を見てこう思った日本人もいました。

## 「黒船、俺もめっちゃ欲しい！」

坂本龍馬です。当時19歳。
事実、この後、龍馬はほんとうに船を手に入れます。

その黒船を見て、こう思った日本人もいました。

## 「つくれるっしょ、俺らも」

事実、薩摩藩、佐賀藩、宇和島藩と３つもの藩が
数年で黒船をつくっちゃったのです。

「黒船怖い！」「不安！」「やばい！」ではなく、

## 「乗りこむぜ」
## 「俺も欲しい」
## 「俺らもつくれるっしょ」

僕らの先祖たちは、大ピンチなのに、
この状況を子どもの遊び感覚で受けとめてるんです。

ピンチのときこそ、「俺はやれる」って感覚。
ピンチのときこそ、遊び感覚。
これが僕ら日本人の「大和魂」なんです。

というわけで… ３秒セラピー♪

ピンチのときこそ、
盛り上がれ。

イェィ♪

## クレームをつけられたときの秘策

アダルトコンテンツ会社である
「ソフト・オン・デマンド」の前社長
高橋がなりさんの言葉です。

高橋がなりさんは35歳のとき、
中華料理店の店長をしていたそうです。

あるとき、
「杏仁豆腐に割れたガラスの破片が入っていた」
と烈火のごとく怒っていたお客さんがいたそうです。

「店長を呼べ！！！」

「店長を呼べ！！！」

「店長を呼べ！！！」

高橋がなり店長は、あわててかけつけて、
真っ先にこう言ったのだそうです

普通、この状況ではありえない言葉です。

# 「ありがとう
# 　　ございます！！！」

お客さんは当然「すみません」と
言われるものだと思っています。
そこにいきなり

「ありがとうございます！！！」です。


「ありがとうございます。
　ほとんどのお客様がなにもおっしゃらずに
　帰ってしまわれるのに、
　このようにあたたかくご指導いただきまして
　ほんとうにありがとうございます。
　お礼に杏仁豆腐を
　サービスさせていただきます」

こう言ったら、
なんとお客さんは喜んでくれたそうです。

「すみません」と謝られると、
人は本能的にますます怒ってしまいたくなるもの。

クレームをつけられたときの秘策

そこで、

# 「ありがとう
　　ございます！！！」

です。

---

というわけで… **3秒セラピー♪**

困ったときは、
真っ先に「ありがとうございます！！！」
と言ってみよう。

---

> なにがあっても、その中に
> 「ありがとう」と言えるところを見出す。
> それが人生ゲームだ。
> ［出典］『高橋がなり 強く生きる言葉』高橋がなり著
> （メディアファクトリー）

## たった一言で成功できるんだぜ!

累計納税額日本一のお金持ち、
銀座まるかんの創業者・斎藤一人さんの講演会で
教えていただいた、
しあわせに成功する極意をお伝えします。

子どもに対する教育も、
それだけできればいいと言えるくらい
重要なことだそうです。


しかも、それは一瞬であなたにお伝えできることなので、
ここからは目を凝らして、一言たりとも
見逃さないでください。

いいですか?

## いいですか?

ほんとうに準備はできてますか?
オシッコも大丈夫ですか?

気を抜いてしまうと、あなたは、
とても大切なことを見逃してしまいます。


はい。

おしまいです。

はい。そうなんです。

しあわせに生きる秘訣、
それは「はい」なのです。

相手が心地よくなる、
気持ちのいい「はい」という返事ができれば、
あなたは、間違いなく成功するそうです。

たとえば職場にひとり、気持ちのいい「はい」という
返事ができる女性がいたとします。

すると、なにか仕事を頼みたいときには、
みんな彼女に頼みますよね。

「これ、やってもらえるかな」

# 「はい」(^^)

って気持ちよく返事してくれるわけだから、
頼みやすいわけです。
すると、彼女に頼みごとが集まります。

すると「ありがとう」と言われる回数が増えます。

「ありがとう」と言われた回数に比例して
彼女にどんどんツキがめぐってくるのです。

気持ちのいい「はい」から始めよう！

> わかった？
> 　　「はい」
>
> お、その調子です♪
> [参考] 斎藤一人さん講演会

## ロックンロールでいこう

歌舞伎役者の中村獅童さん。

彼は役作りに生真面目に取り組むあまり、
考え、悩み、苦しんでいたときに、
故十八代目・中村勘三郎さんにある言葉を言われたそうです。

その言葉を聞いた中村獅童さんは、
それまで鎖で縛りつけられていたかのように
苦しかった全身が、
一瞬で軽くなったそうです。


勘三郎さんは、役作りに悩む獅童さんに
なんと言ったのか？


**「あのね、
　ロックンロールでいいんだよ」**


「そんなに難しく考えることはないんだ。
　役者がノッて演じないでどうするの」

# 「そうだよ、あんたの好きなロックだよ。ロックのノリでいいんだよ」

これからは、
頭で生きるのではなく、
ノリで生きよう。

 3秒セラピー♪

悩んだときは、「ありがとう」か「ロックンロール」
どっちかだね（笑）

「ありがトゥオーーー」
「ひすいさん、なんですか？ それ」
「ありがとうロックンロールバージョンです」
[出典]『歌舞伎未来形』小松成美著（マガジンハウス）

## 失敗する人の共通点

「**成功者に法則はなく、
　失敗者のみに法則がある**」

これは、『華僑大資産家の成功法則』(実業之日本社)の中で、
著者の小方功さんが、
華僑の方から教えを受けた言葉です。

確かに計画をきっちり立てて
成功する人もいれば、
計画なんか決めずにうまくいく人もいます。
成功の法則は人の数だけあるってことです。

しかし、失敗する人には
必ず共通する法則があるというのです。
その必ず共通する法則を
知っておくことは、とても重要です。

## なぜなら、
## それだけは死んでもしなければいいわけです。

失敗者のみに共通する法則とは……

# 「問題を
# 　人のせいにする習慣」

だそう。

商売に失敗した人は
「仲間の信頼が得られなかったから」とか
「店の場所が悪かったから」とか
「取引先が倒産したから」とか
必ず問題をなにかのせいにしているのだそう。

というわけで… 3秒セラピー♪

失敗を人のせいにしない限り、
必ず復活するチャンスはある！

成功はあなたのおかげ。
失敗は自分のおかげ。
どんなときもおかげさま。
これが成功者のルール。
失敗も最高の経験だから、
おかげさま。

[出典]『華僑大資産家の成功法則』小方功著（実業之日本社）

## 100％失敗しない方法

絶対失敗しない方法を知りたいですか？


それは……


**挑戦しないことです。**


僕が心理学を教えていただいた衛藤信之先生は、
20年以上、企業の現場でカウンセリングをしています。
その経験から、
できる人たちには、
共通点があることがわかったそうです。

できる人の共通点が、たったひとつだけあったのです。


それは……


**いっぱい失敗していること。**

「失敗こそ、最高の笑い話になるから」

「特に若いうちはボコボコになるくらい
失敗したほうがいい」

「失敗の数と成功の数は比例するから」

そう衛藤先生は語っています。

というわけで… ３秒セラピー♪

失敗は挑戦した証。

**生命は海で誕生したのに、
僕ら人間がいま陸で生活してるのはなぜか、ご存じですか？
僕らの遠い祖先で、
間違って海から陸に出ちゃったヤツが
いるからなんです（笑）**

［参考］日本メンタルヘルス協会　衛藤信之先生
http://www.mental.co.jp/

## 億万長者の「聞く技術」

話の聞き方ひとつで、人生がガラリと変わる。
そんなスペシャルな聞く技術を知りたいですか？

斎藤一人さんの一番弟子・柴村恵美子社長から
教えてもらった
**人生を変える、聞き方講座です。**

いますぐあなたにもできる簡単なことですが、
人生を劇的に変えてくれる方法です。

これまた、この先は、まばたきせずに、
一瞬も気を抜かずに読み進めてください。

でないと、極意を見逃してしまいます。

いいですか？

## 心の準備はいいですか？

では、一瞬も気を抜かずに読み進めてください。

はいッ！！

↓

↑

以上です。

完

また見逃してしまった、そんなあなたが大好きです（笑）

............................ ＊　＊　＊ ............................

〈解説編〉

聞く極意、それはこういうことです。

↓

↑

↓

↑

↓

↑

首を下に上に、下に上に。
つまり、うなずきながら人の話を聞くってことです。

あなたが話すときに
ポケーっと聞いてる人と、
「ほーほーほー」とうなずきながら聞いてくれる人と、
あなたはどちらの人を好きになりますか？

もし、あなたが、なにかお得な情報を知っているとしたら、
どちらの人に教えてあげたくなりますか？

「ほーほーほー」と
うなずきながら聞く人は、

# 一言も発せずともファンをつくっているのです。

そんな人に、情報もお金も集まります。

しかも、首を上下に動かすのは
健康法としても優れ、免疫力が高まるのだとか。
（逆に首を左右にふると免疫力が下がるそうです）

# おッ!!!

あなた、いま、
無意識に「ほーーーー」ってうなずきました?

そんなあなたは聞く技術3級合格です。

というわけで…

「なるほど!」
「へえー!」
「そーなんですか!」
と、今日からはうなずきながら聞こう。

> お金も情報も人間も喜んでくれるところに
> 行きたいんです。
> 「そっちへ行かせてー!」
>
> [参考] 柴村恵美子社長講演会
> shibamuraemiko.com

# サトー式・伝説のつくり方

カメラ量販店をゼロから立ち上げた、
佐藤勝人さんの伝説のつくり方です。

佐藤さんは、栃木県の白沢街道沿いに
60坪のカメラ量販店をはじめました。
彼が24歳のときです。

結果は大惨敗だったそうです。

それでもオープン初日から3日間だけは、
各メーカーの営業マンが
セールの手伝いに来てくれたから、
モノも売れました。

しかし、このとき佐藤さんは、
とんでもないことに気づくのです。

セールが終わった後は、
メーカーから応援の営業マンは来ません。
つまり、明日からは誰も来ないことに気づいたのです。

## 「あ！　従業員雇うの忘れてた！」

おい！

許してやってください。
佐藤勝人。当時まだ24歳。
従業員が必要ということさえも気づかずに、
店をスタートさせた。

その一直線の勢いに、まずは拍手を送りたい。

彼の必死の努力は、ここからはじまるのですから。

ビジネスをなにも知らない彼が、
果たして大手の量販店に勝つことができるのか？

結果を先に書きます。

# 彼は勝ちます。

栃木県内で一眼レフカメラ販売シェア70%
コンパクトカメラ販売シェア55%
ビデオカメラ販売シェア45%
カメラ売上げ5年連続北関東甲信越NO.1

創業時に雇い忘れた従業員も、いまは130名に。

なにも商売を知らなかった24歳は、
どうやって「伝説」をつくっていったのか。

## 小さな、小さな、小さな一番を とることを突破口にしたのです。

ビデオもテレビもカメラも洗濯機も、
ではなくて、
まずは得意なカメラにしぼる。

しかし、カメラだけでもまだ一番にはなれない。

さらにメーカーもしぼろう。

SONYにしよう。

さらにSONYの中の機種までしぼろう。

ハンディカムに。

「SONYのハンディカムを徹底的に売る」
というコンセプト。

これだけピンポイントにしぼり、集中特化すると、
案外すぐに地域一番店になれるのだそう。

そのときです。勝負に出るのは。

## 「栃木県でSONYのハンディカムを一番売る店、サトーカメラ」

というチラシ広告を出したのです。

お客さんは「一番売る店」という
そこだけが印象に残ります。

さらにそこまでしぼり込まれているから
SONYのハンディカムを買いたいと思っている
お客さんが来ます。

そこにはSONYのハンディカムに、
むちゃくちゃくわしい社員が待っています。
会社も自信がつくし、
社員も自信がつきます。

ここに上昇気流が生まれたのです。

## 小さなNO.1になればそこからあっという間。

彼のサトーカメラは他の追随を許さない
業界初、圧倒的地域一番店になるのです。

サトー式・伝説のつくり方

# 伝説は小さな、小さなNO.1から。

 3秒セラピー♪

徹底的に小さく小さくしぼり込んで、
小さなNO.1になろう。

自分の得意なものを2つかけ合わせるとNO.1になりやすいんです。
僕の場合は、
「名言」×「心理カウンセラー」=「名言セラピー」
だったわけです。
名言だけなら僕よりくわしい人はたくさんいます。
心理カウンセラーとして僕より優秀な人は8万9538人います。
でも2つをかけ合わせたら、僕が優位に立てます。
あなたが小さなNO.1になれる分野はどこだろう?
[出典]『日本一のチラシはこうつくれ!』佐藤勝人著(文芸社)

# 会社が500年生き残る秘密

1年後は60%
3年後は40%
5年後は15%
10年後は5%
30年後は2%
50年後は0.7%
100年後は0.03%

なんのことだかわかりますか?
これは設立された会社の存続率だそうです。

## 100年残る会社は0.03%。

では。

500年残る会社となると……
それはもはや奇跡といえるでしょう。

和菓子の老舗・虎屋。
ここは今日まで約500年も事業を持続させているのです。

室町時代から今日までずっと虎屋営業中♪

なんです。

すごすぎ、ですよね？
虎屋社長の黒川光博社長は500年の秘密を
こう語っています。

「変えるものと
　変えてはいけないものを
　ハッキリさせてきたことが
　虎屋が500年ちかくも続いてきた大きな要因ではないか
　と私は思います」

## 変えるものと
## 変えてはいけないものを
## ハッキリさせておくこと。

変えてはいけないもの……
それは伝統の味か？

「味は変えてしかるべきだと考えています」

意外です。
味は変えていくのだとか。
味覚というのは、生活が変われば変化しますから、
時代によって変えていくのだそうです。


では変えてはいけないものはなんなのか……
変えてはいけないもの……

それは……

# 「お客様への
# 　感謝の心です」

というわけで… ３秒セラピー♪

やっぱり、「ありがとう」だ！

> 「ありがとう」という気持ちから生まれる、
> 日々の技術革新。
> それが500年生き残る秘密。
> [出典]「致知」2004年12月号（致知出版社）

## 家事を素敵なものに変えた言葉

読者セラピー

わたしは専業主婦なのですが、
食事、家の中や外回りのそうじ、洗たく、買い物……
毎日、同じことの繰り返しです。
外で仕事をしている人が、
うらやましくもありました。

そんなときに、ある言葉と出会ったのです。

その言葉が、胸の奥深くの、根っこの部分を
変えてくれたような気がします。

## 「雑にするから雑用になる」

毎日同じことの繰り返しで
いやだな〜と思う自分の心が
家事を雑用にしてしまっていたのだなと……

それからは、
お料理ひとつ、お洗たくひとつ、庭そうじひとつ
できるだけていねいに
心を込めて向き合うことを心がけています。

すると気づいたんです。
嫌々やっても、
ていねいにやっても

それほど時間的には変わらないことに！

それならば、ていねいに心を込めてやったほうが、
やりがいも出てくるし、
うれしくなりますもんね。

雑用が大好きになりました。

### 3秒セラピー♪

雑にしなければ、
どんなことも
素敵なものに変えられる！

> 人生はなにをしているかじゃないんです。
> どんな心でそれをしているか。
> ほんとうに大切なことは、そこなんです。
> だって、あの世に持って帰れるのは、
> 心だけだからです。
> [お話] 野の花さん

## お金持ち思考

「ゼロベース思考」という考え方があります。

たとえば、本を読んでいておもしろくないと思ったら、
そこでやめられるか。
いま、何気なくやっていることを、
もし、やっていないとしたら……
それでもやり続けたいことなのかどうか、

**ゼロベースに戻して考えてみる。**

この人と出会っていなかったとしたら、
それでもつきあいたい人か？

この仕事についていないとしたら、
それでもやりたい仕事なのか？

と、問うてみる。

**こういうゼロベース思考は、
とても大事です。**

たとえば、本を買ったとして、
せっかく買ったんだから、
つまんなくても最後まで読もうという思考は、
お金は損をしていなくても、
命をムダにしていることになります。

**なぜなら、命って、時間ですから!**

時間の中に命があります。

頭は、ここまでがんばったんだから……などと
過去に引きずられがちです。
でも、大切なのは、
あなたの、いま、この瞬間の気持ちです。

いまの気持ちに正直に
ゼロに立ち戻る。
それはムダではないんです。
ゼロには、無限の可能性が宿っているのですから。

というわけで… 3秒セラピー♪

いま、この瞬間の気持ちを大切にね。

ゼロに戻るとは、振り出しに戻ることではない。
無限の可能性に戻ることです。

# 億万長者になれる(気がする)方法

文化人類学者が確認したおもしろい事実があります。

19世紀のイヌイットの人たちは氷の上で、
なんと「はだか」で寝ていたそうです。

想像してみてください。
すごく冷たいはずです。
でも、イヌイットの人たちは、はだかで寝ていても
凍傷にならなかったのです。

しかし現代のイヌイットの人たちがそんなことをしたら、
すぐに凍傷になります。

なぜ？

なにをきっかけに変わったのか、
文化人類学者が調査し、原因を突きとめたのです。

それはなにか？

西洋医学が導入されて、


## 「そんなことしていると 凍傷になっちゃうよ」

と警告された途端に、凍傷になりはじめたのだそうです。

「凍傷になっちゃうよ」と言われた途端に
素直に凍傷になれる僕ら人間って……

最近ではあまり見かけませんが、
昔は冬でも短パン、Tシャツの小学生がいました。

しかし大人になると、
なぜコートなんて着ちゃうのでしょうか。
それも、「寒くない？」って言われたからです。

逆に考えれば、
僕らの「意識」は、すごい可能性を秘めているってことです。

夢をかなえるのは難しい、と思えば、
難しくもできるし、
奇跡はアッサリ起きていい、と思えば、
そうなるということです。

# すべてはあなたが
# どう思っているのか。
# それがあなたの人生を
# 決めるのです。

では億万長者になれる（気がしてくる）話を最後にあなたに
プレゼントしましょう。

学生のころ、生物学の授業で習った魚の話です。

ある魚のオスを水槽に5匹入れるとします。
水槽に5匹のオス。
男ばかりの男塾状態。
すると、何匹かのオスが、

「オスばっかだねー。
　俺メスになろうか？」

とメスに変化するんです。
こういう魚、ほんとうにいるんですよ。

魚だって瞬時に男から女になれるんだから、
それに比べたら億万長者になることなんて、
むちゃくちゃ簡単な気がしてきませんか？

そんな気しません？（笑）

なれると思ったら、なれる。
それがあなたの意識の力です。

自分がどう思っているか、
それがあなたの人生を形づくります。

# あなたは
# どんな自分になれていたら
# 最高にうれしいですか?

今日からそうなったつもりで
生きてみてください。

というわけで… 3秒セラピー♪

あなたの意識こそ
あなたの王様。

> かなえたい夢がある人は、同時に
> 「インドで俳優になる!」ことも目指してほしいんです。
> インド映画は、どんなシリアスな場面でも
> 突然、歌って踊るシーンに切り替わるミュージカル形式です。
> つまり、インドで俳優になるには歌って踊れないとダメ。
> 日本人にとって難攻不落の夢なんです。
> そこで、もうひとつの自分の夢を思い出してほしいんです。
> すると、「あ、こっちの夢は余裕だわ」って思えてきますよね?(笑)
> 余裕だと思えれば、そうなりますから。
> [出典]『ホモ・パンツたちへ』栗本慎一郎著(情報センター出版局)

## 100億円ほしい？

あなたは100億円ほしいですか？

ほんとうにほしいですか？

ほんとうにあなたは100億円ほしいと
思っていますか？

その思いはほんものですか？

よくわかりました。
どうやら、あなたの思いはほんもののようですね。

では、100億円あげましょう。
あなたに100億円あげましょう。


**あなたの目と耳をくれたら、
100億円あげましょう。**


って、言われたらどうですか？

自分の目と耳を差し出してまで
100億円ほしい人って、
ほとんどいないと思います。

**わたしたちは、
いくらお金を出しても
買えないものを
神様から与えられているのです。**

これが「ただより高いものはない」という
ほんとうの意味だそうです。
つまり、

**わたしたちはツイてる♪**

ということです。

というわけで… ３秒セラピー♪

すでに僕らは100億円以上のものを
手にしているんだ。

> 自信を持っていい。
> あなたはすでにハッピー大富豪だ。
> よっ！このしあわせ者！
>
> [参考] 斎藤一人さん講演会
> 柴村恵美子社長公式サイト
> shibamuraemiko.com

## お金の神様に抱きしめられる方法

「100万円あったらなにに使う?」
と聞かれたら、あなたはなんと答えますか?

考えた方だけ、読み進めてください。


上場企業100社の大株主で日本一の個人投資家であり、
「タマゴボーロ」で有名な竹田製菓の創業者でもある
大富豪の竹田和平さんから教わった、
お金をじゃんじゃん稼ぐ秘訣です。


それは、
この一言に凝縮されていると思います。


**「なんのために儲けるか。
　ほんとのポイントはそこ」**


大富豪は**「お金をどう稼ぐか」**
というお金の入口よりも、
**「なにに使うか」**
というお金の出口を重要視するのです。

そのお金の使い道が、
多くの人の喜びにつながるようなときは、

# お金は自然に
# 入ってくるのだそうです。

たとえば、
「お金を儲けて、そのお金でお菓子の城を作ったら、
　みんな喜ぶだろうな」と出口を決める。
すると、自然に儲かるのだそうです。


冒頭の質問、
「100万円あったらなにに使う？」
に、あなたはなんと答えましたか？

「服やバッグを買います」と答えたあなた。
僕と一緒です（笑）

「家族を旅行に連れていってあげたい」
と答えたあなた。
やさしいね。


**「そんなやさしいあなたのところへ
　行きたい」byお金**

お金の神様に抱きしめられる方法

つまり、お金の使い道が、
自分以外の人の喜びにつながればつながるほど、
あなたはお金の神様に愛されます。

「呼吸」という言葉があります。
「呼」は「息をはく」という意味ですから
はいてから吸うのが、呼吸です。
出すことが先なのです。
「出入口」という漢字を見てもそう。
出すことが、入れるより先なのです。

というわけで… 3秒セラピー♪

「どうやって儲けるか」
と考えるのではなく、
「なにをすれば喜ばれるか」
という発想が大富豪。

どうやらお金も
喜ばれたがってるみたいです。
[参考] 竹田和平 http://www.takedawahei.net/

# 正しい金持ちと正しい貧乏人

韓国の賢者イ・ギュギョンさんは
正しい金持ち
正しい貧乏人
をこう説明しています。

## 正しい金持ちは1持っていれば
## 10持っていると思う人。

## 正しい貧乏人は10持っていても
## 1しか持っていないと思う人。

あなたはどっち？

 3秒セラピー♪

恵まれているところばかりに
目がいくのがお金持ち、
足りないところばかりに目がいくのが貧乏人、
ってことのようですね。

> お金持ちになりたい人は1に「ありがとう」。
> 貧乏になりたい人は1に「コンチクショー」。
> [出典]『おなかがすいたらごはんたべるんだ』
> イ・ギュギョン作/黒田福美訳（ポプラ社）

# The Revolution!

僕の知り合いが、42.195kmマラソンに参加してきました。
ゴール直後、ヘトヘトで倒れこんだそうです。

その彼が1年後、今度は100kmマラソンに出ました。
100kmマラソンとは、文字通り、
100km走らなければいけないということです。

## ところが、
## 100km走らなければいけないと思ったら、
## 42.195km時点は
## アッサリ通過してしまった……。

彼は、「絶対におかしい」って思ったそうです。
だって1年前は42.195km時点で倒れていたんです。
それからそんなに練習してないのに、
100km走らなければいけないと思っただけで、
42.195kmは普通に通過しちゃったというのです。

さて、この前提をふまえてもらったうえで、明治維新の話です。

## 「志士たちの中で、
## 　ズバ抜けて視野が広かったのは誰か?」

と聞かれたら、坂本龍馬でしょう。
それは龍馬は「動機」が違ったからだと僕は分析しています。
あの当時、志士たちは、新しい日本をつくるために
江戸幕府を倒そうとしていました。
倒すことが目的でした。

でも、龍馬は違った。

# 世界で
# 遊びたかった……。

それが龍馬の動機です。

新政府の役職を決められる立場にいた坂本龍馬。
でも、そこに自分の名を入れなかったんです。
命がけで革命を成し遂げておきながら、
自分は役職につかないなんて、世界的にもまず例はないはず。

山の中で5年間、クマから逃れながら
必死にマツタケを探し続けて、
ようやく見つけたのに、
「いいからいいから。気にしないであなたが全部食べなよ」
って言ってるようなものです。
(なんてピントのずれた例えでしょう・笑)

そんな龍馬に衝撃を受けた西郷隆盛に
「こんな男は見たことがない」とまで言わしめています。
では、龍馬は新政府の役職に入らず、
なにをしたかったのでしょうか?
龍馬は柱に寄りかかりながら、西郷にこう言ったそうです。

The Revolution!

# 「世界の海援隊でも やりますか」

黒船で世界中をまわって貿易をする。

**つまり、龍馬は世界で遊びたかったんです。**

海援隊の規則にも
「海外の志ある者この隊に入る」という一条があるほどです。
「海外でなにかやってみたいやつは来いよ」って。
あの時代にです。

倒すことが目的ではない。
その先の、自由な世界で遊ぶことが目的だった。
だから、龍馬は42.195kmを通過できたのだと思うのです。

世界で遊ぶために、まずは身分制度壊しますけど、
それがなにか？
世界で遊ぶために、まずは江戸幕府倒しちゃいますけど、
それがなにか？

龍馬の動機は、誰よりもポップで軽かったんです。
だから、誰よりも遠くまで見えた。
力を抜いたほうが遠くまで行けます。

夢も希望も目標も、
そんなもの、そんなもの、そんなもの、
遊びながら余裕で通過しちゃってください。

龍馬を目標とするのではない。
龍馬を軽々超えていけ。

 3秒セラピー♪

その先に行こう。
その先で遊ぼう。

「3メートル先を見ていれば船酔いするけど、
100キロ先を見ていれば景色はほとんどぶれないものだ」
by 孫正義

実は孫さんは龍馬の大ファンで、
softbankの「=」というロゴマークは
海援隊の旗からインスパイアされてできたものです。

[参考文献]『坂本龍馬』千頭清臣著（博文館）

## あなたなら、なにを入れる？

やればやるほどおもしろくなるものってなあに？

**「やればやるほどおもしろくなるものを　〇〇という」**

あなただったら、この〇〇にどんな言葉を入れますか？
何文字でもいいです。考えてみてください。

「やればやるほどおもしろくなるもの……
　　それを
**仕事**という」

by日本一のお金持ち・斎藤一人

だから商いは飽きない。
だから商人は笑人なんですぜ！

「そこんとこよろしく！」by 矢沢永吉

[出典]『斎藤一人 15歳からの成功哲学』小俣治郎著（ビジネス社）

# 恋愛セラピー

いつのまにか恋愛がうまくいっちゃう視点
［コミュニケーションの達人コース］

# 失恋検定

これを読めば、
あなたも今日から安心して失恋できます(笑)

作家の宇野千代さんは
雑誌で「失恋」の特集があるとき、
必ず声をかけられたそうです。

いわば、「失恋のスペシャリスト」。
と言われてもうれしくないと思いますが、
失恋の仕方がうまかったようです。

たとえば、もしあなたが失恋したとしたら、
どうするでしょうか。

友人に「あの男はひどい」と訴えて
話を聞いてもらう、という人は多いと思います。

でも、それでは失恋検定では
4級止まりです。

では失恋のプロ、
宇野千代先生に語ってもらいましょう。

**「わたしはたったひとりで、
　自分ひとりきりで失恋します」**

## どんな状況でもグチらない。
## これが失恋3級を目指す人の
## ファーストステップです。

「では、わたしは身を切るような
　失恋の苦悩を他人にも語らず、
　じっと胸の中に秘めていたかというと、
　それが大間違いなんです」
と宇野さんはおっしゃいます。

「わたしの失恋は、いつでもとても派手なんです。
　最大限に表現するということです。
　自分ひとりきりで、
　それはそれは眼も当てられないほど、
　ワァワァ騒いで泣くのです。
　蒲団にしがみついて一晩中、
　芋虫みたいに転げまわったり、
　セミみたいに柱につかまっておいおい泣いたり。
　こういう失恋による体の運動を、
　わたしは**失恋体操**と呼びます。
　こうして鳥か、虫みたいになって
　体をよじって泣いている間に
　実に不思議なことですが、なにか体の中にあった
　固いしこりみたいなものが発散して、
　ケロッと失恋の虫が落ちてしまうのです」

失恋検定

失恋体操の後は、
「あれ？　わたしなにを騒いでたのかしら」
ってくらい、からっとした気持ちになるようです。

心の切なさは、消そうと思っても消せないけれど、
泣いて転げまわることで、体で悲しみを表現し、
発散させてしまうんですね。
心と体は共鳴していますから。

**さすが失恋1級！**

これで失恋対策は万全！
安心して恋をしてください。

　　　　　　　失恋したら鳥になろう。
　　　　　　　虫になろう。セミになろう。

> なんだか、早く
> 失恋してみたくなってきたでしょ？（笑）
> ［出典］『幸福を知る才能』宇野千代著（海竜社）

# モテの基本は小学校で教わった!

読者セラピー

僕は友だちからいろいろと恋愛相談を受けます。
女の子からも、男の子からも多いのですが、
そんな質問の中でもちょこちょこあるのが、

## 「絶対落とせる
　口説き文句を教えて」

はい。お教えしましょう。

## そんなものありません。

「このセリフさえ言えば大丈夫！」
なんて便利なワイルドカード、あるわけがありません！

ただ、「基本」はあります。

実は恋愛マニュアル本を買わなくても、
みなさんは、すでに知っているのです！

小学校に入学したときに、
先生に言われませんでしたか？

＊**あいさつはしっかりしましょう。**
　（こんなこともできない人が多い）

＊**お礼はちゃんと言いましょう。**

**＊人の話を聞きましょう。**
（自分の話ばかりをしない）

**＊自分がされていやなことは人にしてはいけません。**

**＊お友だちと仲良くしましょう。**
（やさしく接する）

**＊がんばった子にはほめてあげましょう。**

**＊素直になりましょう。**
（変な意地をはらない）

**＊思いやりを持って人とつきあいましょう。**
（自分勝手はダメ）

**＊ウソをつかないようにしましょう。**
（知ったかぶりをしない）

**＊ごはんの前に手を洗いましょう。**
（清潔にしましょう）

**＊ハンカチ、ティッシュは、忘れずに持ってきましたか？**
（最低限の身だしなみ）

思い出しました？

これがモテるための、ありとあらゆるテクニックです。

## モテるために必要なことはすべて、
## ここから派生したものばかりです。

人がこれだけ長いあいだずーっと生きてきて、
有名な文豪たちが恋愛でいっぱい悩んで、
いっぱい文学作品を書いても、
「これ！」といった恋愛マニュアルなんてないですよね。

なぜ、恋愛に関しては決定的なマニュアルがないか？

それは、めちゃくちゃ簡単だからなんです。

というわけで… 3秒セラピー♪

あなたはすでに知っている。
あとは実行するだけです。

まずは、あいさつ！
あいさつをしっかり心がけるだけでも、
モテはじめますから。
[お話]『モテ名言セラピー』モテるーズ・ヤスさん

##  あなたはいい男？ いい女？

あなたは、いい男ですか？ いい女ですか？
見た目ではないですよ。

あなたが自分をいい男、いい女と思えないとしたら、
それはなぜですか？

自信がない。経験がない。

ほんとうにそうでしょうか？

**自分はいい男ではない。
いい女ではない。
……と、誰が決めたのですか?**

わたしはいい男である、いい女です、と思って生きる人生と、
自分はダメだと思って生きる人生、

どちらが楽しいと思いますか？

どちらが成功しやすいと思いますか？

自分がそう思えばいいだけなのですから、
誰かが決めるわけではないのですから、
そう思うことに根拠なんていらないんですから。

**いままでの思い込みを、
1回疑ってみませんか?**

わたしはいい男である、
わたしはいい女です、
と、今日から思ってみたらどうでしょう。

 3秒セラピー♪

あなたがどう思うかに、
根拠なんていらない!

事実はひとつでも、その見方は常にふたつあります。
コップに水がまだ半分残っていると見るか、
もう半分しかないと見るか。
それはあなたの自由。だったら、
あなたに力を貸してくれる解釈をしてみませんか?
1回きりの人生。
あなたはどっちを見て生きていきますか?

#  イケメンを独り占めできる一言

モテ本シリーズでベストセラー。
恋愛マニアリーダーの作家・藤沢あゆみさんと
お会いさせていただいたときのことです。

藤沢さんの第一声は、いきなり名言でした。


## 「名言セラピーって大好き。
　わたしも読んでます」

すいません。自慢でした（笑）

それはさておき、
藤沢さんからおもしろい話を聞きました。

「なんで彼女のまわりには、
　あんなイケメンばかり集まるの？」
というくらいモテモテの女性がいるそうなのです。

しかも、その女性は普通のオバちゃん。

普通のオバちゃんなんだけど、彼女のまわりには、
起業家、作家、有名コンサルタントなどの
いい男が集まるのだそう。

このおばちゃんのモテる秘密はどこにあるのか？

たまたま藤沢さんは、
このオバちゃんと一緒に仕事をすることになって、
彼女のモテる秘密を突きとめたのです。

オバちゃんはミーティングのときに、
何度もこう言ったのだそうです。

# 「今日は、楽しいね〜！」

ミーティングで「今日は、楽しいね〜！」
と口にする人って、普通いません。

しかし、この一言は魔法なんです。

誰かが「楽しいね〜」と言うと、
楽しさは伝染していくからです。

みんなが楽しさを実感できる。

このオバちゃんの一言に
みんなもつられて、
「楽しい」と口にしだしたそう。

イケメンを独り占めできる一言

# 一緒にいることを楽しんでくれる人を、人は「楽しい」と思うもの。

というわけで… 3秒セラピー♪

「あなたといると楽しい！」
この一言が言える人は、
また誘われます。

「今日はこんないい本を読めて楽しいな〜」
「えらい！ あんたはモテる！」
by ひすいこたろう

[出典]『モテ本！』恋愛マニア著（大和書房）

# モテない悪循環から抜け出す方法

**読者セラピー**

モテるようになると、
ほんま、しあわせになります。
だから、俺はモテない人に、
「モテ理論」を教えてあげたいって
いつも思うんですが、
モテない人は、経験上100%こう言うんです。

## 「いや、俺には無理やから」

と、ハナっからつっぱねます。

モテる人はモテることに貪欲です。
モテない人はまったく無関心。
だから、モテる人はますますモテて、
モテない人はますますモテない……と。

じゃあ、そんなモテない悪循環から抜け出すきっかけは
どうつくればいいか。
俺のモテる秘策の中でも、
とっておきのものを一般公開しましょう。

これだけで、
巷にあふれている「モテ本」を
一蹴できるくらいのパワーがあると思っています。

モテない悪循環から抜け出す方法

# 「俺はモテる」

この言葉なんです。

よく、友だちからは、
「どうしてお前がモテるのかわからない」
「なんでいつも恋人がいるの？」
「かっこよくも、お金持ちでもないのに、ずるいよ！」
と、もう友だちとは思えないような意見を言われます。

確かに俺は、かっこよくも、お金持ちでも、
有名人でもありません。

でもモテます。

## この言葉を使ってからは。

もう口癖のように言っています。
思うだけじゃなく、ちゃんと言います。
ウソみたいですが、ほんとうです。

「なんでいつも恋人がいるの？」
「そりゃあモテるからねぇ。アハハハハハ」
こんな感じで。

「自分はモテる」と言っていると、
まわりが勘違いするということもありますが、
一番のポイントは、言い続けていると、

**自分が勘違いするのです。**

俺はモテると（笑）
だから、恋愛に対して、かなーりポジティブになります。

「ありがとう」という言葉が持っている力のように、
この「モテる」という言葉にも力があるようです。

ひとりでいるときにつぶやくようになったらプロです（笑）
モテ審査員なんていませんから、
自分で言っちゃいましょう。

3秒セラピー♪

「やっぱ、俺モテるわぁ〜」
1日30回はつぶやこう（笑）

いい言葉を使うと、いいことばかり起きるから！
はじめに言葉ありき。
[お話]『モテ名言セラピー』モテるーズ・ヤスさん

# いい男を1分で見抜く方法

外見にだまされず、
1分でほんとうのいい男を見抜く方法です。

実は、

いい男の名前には法則があったのです。

いい男の名前には法則があったのです。

## 苗字のイニシャルはH、名前はK

の男は100%いい男と見ていいです。

## ひすいこたろうでした(^u^)

ごめんなさい。冗談はこの辺にして、
ここからがほんとうのいい男を見抜く方法です。

山口洋子さんを知っていますか?
作詞で日本レコード大賞、小説で直木賞を受賞した作家です。
さらに彼女は各界著名人、芸能人たちの集う
伝説のクラブ「姫」を銀座で経営していました。
そこで彼女はママとして、無数のいい男たちを見てきました。
その経験の中で、ほんとうのいい男を見抜く方法を
こう語っているのです。

「声よ」

「声で判断するの。
　声は決してごまかせない」

電話をするといいらしいです。声だけですから。
相手の話す内容はどうでもいい。
聞いてなくてもいい。
ただひたすら相手の声を聞いて、心地よく感じるかどうか。

**声を心地よく感じるかどうか?**

この判断は、なによりも正確なんですね。

いま、この瞬間、あなたは誰の声を聞きたいですか?
電話してみよう。
どうです?　心地よく感じましたか?

さあ、今度はひすいこたろうの声を試してみよう(笑)
ポッドキャストで「ドリプラジオ」で検索して聴いてみてね。
https://itunes.apple.com/jp/podcast/doripurajio/id1104314040?l=en

# モテ男へのインタビュー

**読者セラピー**

俺は昔から、
飲み屋とかいろんなところで
モテ男にインタビューをしてました。

「なー、教えてくれへん？　なんでモテるん？」

顔がかっこいい人には聞きません（笑）

モテる方法を知るには、
実際にモテている人に聞くのが一番早いです。
単刀直入に聞く人って意外と少ないんです。
モテる人たちって素直に聞いたら快く答えてくれますよ。
（わからないことはわかる人に聞く。
これ、何事も基本です）

彼らには共通点がありました。

## 「明るい、楽しい」
## 「女好き」
## 「女の子を大切に扱う」

この3つが共通していた部分です。

あれー？　それだけ？
と思うかもしれませんが、実は、もうひとつあります。

これがたぶんすごい重要です。
なんだと思いますか？

モテる人たちの最後の共通点、
それは、彼らは全員、

# 「モテにいく」

人たちだということです。


「モテる」は受身ですが、
「モテにいく」は自分から。

そうなんですよ！
モテとは、向こうから勝手に来るんじゃなくて、
自分からモテにいくものなんです。

だから、ほんとうは彼らは「モテる」んではなく、
「モテにいく」プロです。

心がまえも知った。
外見も努力して磨いた。
異性の扱い方も覚えた。
本もいっぱい読んだ。

モテ男へのインタビュー

# さぁ、来い！

 3秒セラピー♪

待っててどうすんねん。
モテにいかんと！

> 黙っていてモテるよりも、
> モテにいってモテるほうがかっこいい。
> [お話]『モテ名言セラピー』モテるーズ・ヤスさん

#  一瞬で仲良くなる方法

初対面の人と話をするとき、
あなたはなにを意識していますか？
コンサルタントの小田真嘉さんから、
初対面の人とのコミュニケーションの秘訣を
教わりました。

それは、この一言でした。

## 「コミュニケーションとは 相手と自分の共通点を探すことです」

作家の中谷彰宏さんもこう言っています。

## 「共通点が3つ見つかれば 親友になれます。 3つあれば十分です」

そもそも、コミュニケーションという言葉の語源は、
「共通のものを持つ」という意味の
ラテン語だそうですから。

共通点が見つかると共鳴します。
共鳴すると、一瞬で相手と親しくなれるのです。

いろいろなことを吸収するほど
自分の中で共通点の幅が広がります。
そして、共通点の守備範囲が広がるほど、
モテるってことなんです。

一瞬で仲良くなる方法

でもよく考えてみると、
すべての初対面は奇跡であると言えます。

同じ時代に生まれて、なおかつ
地球上70億人の中から出会うわけですから。

**出会いは奇跡なのです。**

という
わけで… 3秒セラピー♪

出会いは祝福。
すべての出会いにおめでとう！

1年間で、出版される本の数は約8万冊。
その中から、この本に奇跡的に出会ってくれてありがとう！
願わくば、もう1冊買って、
あなたの大切なお友達にもこの本を出会わせてくださると、
めちゃめちゃ嬉しいです。
どうかよろしくお願いします（笑）

[参考文献]『「成長のヒント」人生・仕事の潮流が変わる秘密と秘訣』小田真嘉
http://s.ameblo.jp/odamasayoshi/

## 龍馬のモテテク

日本史の中で、
最もコミュニケーション能力に長けていたのは、
坂本龍馬だと僕は思っています。

殺しあうほどの天敵同士だった薩摩藩と長州藩。
さらにその敵である江戸幕府。
三者の複雑極まる仲をとりもち、
みんな仲良しにしてしまおうとしたのが
坂本龍馬ですから。
龍馬は、「血が流れない革命」を目指していたのです。

通常、革命が起きたら
旧体制の王様は首を切られるのが常識です。

## しかし日本は違った。

不可能といわれた薩長同盟を成立させ、
260年以上も続いた幕府に
政権を自ら放棄させた。

龍馬のコミュニケーション能力はまるで神のごとしです。

その証拠が彼の服装にもあらわれています。

## 龍馬は着物にブーツを 合わせていた!

これこそ、神の発想です!(笑)

龍馬のモテテク

さて、モテの話をしましょう。
モテに一番欠かせないのがコミュニケーション能力だというのは、周知の事実です。

では、龍馬のコミュニケーション能力の真髄は
なんだったのか？

ひすいが長年の研究により、ついに突きとめましたので、
このたび、初公開させていただきます。

日本史上NO.1のコミュニケーション能力を誇った
坂本龍馬の秘密……
それは……

# 軍鶏鍋（シャモなべ）！

慶応3年（1867年）11月15日、京都の醤油商の近江屋。
中岡慎太郎とともに軍鶏鍋を食そうとしていたそのとき、
暗殺事件が起き、
結局、軍鶏鍋を食べることなく
龍馬は逝くことになりました。

**実は、龍馬は軍鶏鍋が大好きだったそう。**

龍馬の命日に行われる龍馬祭では、
墓前で参拝者に軍鶏鍋がふるまわれるほどです。

龍馬は同じ鍋をつつきながら、
相手との心の距離を縮めていったのです。

## 「一緒に同じものを食べる」

これが龍馬の天才的なコミュニケーションを支えた
秘密です。

実はこれ、すごい大事なんです。
日本の叡智・ことだま学の山下弘司先生からも、
相手と仲良くなるために重要なのは、
一緒に同じものを食べることと教えていただきました。

食べるとは、命をいただくこと。
一緒に食べることで、
おたがいの命が響きあい、共鳴しあうのです。

一緒に同じものを食べる。
それには鍋ほど適した料理はありません。
薩長連合という歴史的和解を果たした陰には、
「鍋」があったわけです。

こんな話もあります。

龍馬が日本で初めてつくったカンパニー。
その「カンパニー（会社）」の語源は、
中世イタリア語の「カンパーニャ（campania）」から
きています。

「cam（コン）」は「共にする」、
「pania（パーニャ）」は「パン」の意味で、
つまり、「同じ釜の飯（メシ）を食う」という意味になります。
それほど食は重要なのです。

## 「人」が仲「良」くなると書いて「食」ですから。

ニッポンのメンズノンノたちへ。
僕たちがいますぐやるべきことは、
ただひとつだということが、
もう、わかりましたよね？

そうです！
うまい鍋のお店を見つけることです。
そして大好きなあの子をこう誘おう。

**あなた「俺、すごく好きなお店があるんだ」**
**彼女　「わぁ、いいなぁ。行ってみたい♪」**
**あなた「いいよ。そこは大好きな人しか連れて行かない**
**　　　　大好きなお店なんだけど、連れていくね」**

鍋じゃないお店の場合は、
彼女と同じものを注文して、
同じものを食べてくださいね。

# 健闘を祈る!

## というわけで… 3秒セラピー♪

命が響きあう、
ごはんTogether♪

ひとつ提案があります。
お店へ向かう道中に、あえて道に迷ってほしいんですね。
「どこだっけなー」って。
すると、「お気に入りの店なのに何迷ってんの?」
って彼女につっこまれますから、
そのときこそ、こう言ってほしいんです。
「うん。ほんとは大好きなのは君で、
その店へ行くのは初めてなんだ(^^ ♪」

[参考文献]『人生が100倍楽しくなる名前セラピー』
ひすいこたろう＋山下弘司（マイナビ）
[協力] さわこ

# モテ顔にする方法

**読者セラピー**

「なんか最近いい顔してるねー」
「小顔になったねー」
って、最近よく言われます。

実は、自分をモテ顔にする方法があるのです。

効果バツグン！　秘密の方法をお伝えするんですから、
必ずやると約束してくださいね。

毎朝、鏡に自分の顔を映して、にっこり笑って、
**「おはようー」**
と言います。そして、
**「今日もがんばれ」**
と自分を励まし、
**「うーん今日も素敵」**
と最後に自分をほめます。

以上です。
ほんとうに効果があらわれます。

さらに効果を高めたかったら、
毎夜寝る前、お風呂に入った後に、
鏡に自分の顔を映して、にっこり笑って、
「おやすみー」
と言います。
「今日もご苦労様」
と自分をいたわり、最後に

「今日もがんばったねー」
と自分をほめます。

毎日少しの時間でいいから、これを行っていくと、
自然と口角が上がり、
「なんか最近いい顔してるねー」
「小顔になったねー」
などとひんぱんに言われるようになります。

そして、自分の顔が好きになり、自分のことも好きになる!
まさに一石二鳥なのです。

最近は応用編として、からだを全身鏡に映して
「からだ素敵ー! まだわたしイケてるー!」
とからだをほめることにしました。
みなさまもぜひやってみてくださいね。

というわけで… 3秒セラピー♪

「まだわたしイケてるー!」by ひすいこたろう

息子「とうちゃん、なにやってるの?」
「新しい体操!」
[お話] ゆうりん [30代・愛のツアーコンダクター]

## 「モテる」定義

**読者セラピー**

「モテる定義」について考えてみたいと思います。

「誰でもいいから、たくさんの人から
　好きって言われたい」
「いろんな人と、とっかえひっかえつきあいたい」
「たくさんの異性と同時につきあいたい」

いろいろありますが、
ここでお伝えしたい「モテる」定義は……

# 「好きな人に、自分のことを好きになってもらう」

これです。

恋人がいっぱいいたって、
時間的にも金銭的にも体力的にも支障をきたします。
経験ずみです！！（笑）

自分が好きになった人に振り向いてもらえるのが、
しあわせにモテる人です。
芸能人のように、1万人のファンがいても、
たったひとりの男の人と結ばれなくて
自殺してしまう人もいる。

## やっぱりわたしたちを生かすのは、
## 最愛の人からの愛なんです。

それに、自分がギリギリの状態で、
しあわせになれるわけがない。
ましてや、相手にしあわせになってもらうなんて……。

つきあっても長続きしないようなら、
それはモテるということとは違う。
ただのナンパ師です。
(それでもいいという人もいますが……)

俺の原形を作った小学校時代の話をさせてください。

気弱で引っ込み思案、なにかあったらすぐに泣く。
サッカーや野球、プロレスごっこを、
男の子たちと一緒にできなかった。
スライディングとかタックルとか、いやだったんです。
ドッジボールはいつも逃げてばかり。
怖いから。

だから女の子とばっかり遊んでました。
女の子はいつでもやさしく俺を迎え入れてくれました。
いつも笑顔で。

「ヤス君も一緒に遊ぼ!」
と。

「モテる」定義

いじめの一歩手前の状態だった俺を救ってくれたのは、
間違いなく女の子の存在でした。

小学生の男の子が好きな子にアピールする方法って、
ふでばこを隠したり、悪口を言ったり、軽くぶったり。
そんな形でしか、感情をあらわせないですよね。
俺は、その隠されたふでばこを探しだし、
悪口を言われ泣いている女の子の隣でなぐさめてました。

女の子は俺にとって、性の対象じゃないんです。

**女の子が笑ってさえいてくれれば、
それでいいんです。**

俺のいまがあるのは、
いままで出会ってきた女の子のおかげだから。

というわけで… 3秒セラピー♪

あの子に笑顔になってほしいだけ。

「ヤス君は名言セラピーメルマガ2万人の
読者から選ばれたNO.1モテ男。
そのヤスの根底には、女性への感謝の思いがある。
それはモテるわけだよね」by ひすい
［お話］『モテ名言セラピー』モテるーズ・ヤスさん

# 究極の恋愛

「片想いでもいいの。ふたり分愛するから」
(映画『荒野を歩け』、1962年、エドワード・ドミトリク、米)

って言葉があるけど、
片想いこそ、実は究極の恋愛なのではないか……。

僕が子どもができて思ったことは、

**愛することのほうが
愛されるよりも、実はしあわせ
なんじゃないかってことです。**

子どもから愛されたいって、そんなに思わないんです。

「俺の誕生日には子どもからプレゼントもらいたいな!
 ワクワク♪」
なんて思いませんし(笑)

「とうちゃんなんか大嫌い」
って言われても、
僕は子どもを愛し続けるでしょう。

この子がほんとうに人生を楽しめるような子に
育つように、心を尽くしたいってだけ。

愛されようが愛されまいが、
俺がやれることをめいっぱいやりたい。

そう思うんです。


大好きな人から愛されてるときと、
大好きな人を愛してるとき、
どちらもすごーく、うれしくしあわせですけど、

幸福感は、
大好きな人を愛してるときのほうが、
深いように思います。


恋愛の場合、誰だって、
大好きな人に好かれたいって思いますよね。
相手からも愛されたいという"リターン"を望む。
もちろん、僕だって。

でも、漢字の「相思相愛」という文字を見てみると、
相手を思って相手を愛すると書いてあります。

「相思相愛」なのに、「自分が愛される」という意味が、
漢字には含まれてないんですよね。

## つまり、愛されなくたって、「相思相愛」になれるのではないか。

愛の究極は、"一体感"にあると思います。

でも、愛されたい、
つまり"リターン"を望むってことは、
まだ一体感ではないんですよね。

相手に望むということは、分離してるということだから。
(もちろん恋愛はふたりで関係をつくることだから、
望んでいいんですけどね)

究極の愛があるとするならば、
愛されようが愛されまいが、
相手のためになることで(←ここがポイント)
自分ができることがあれば、それをやるだけ。
そう思えているとき、
それは一体感と言えるのではないでしょうか……。
仮に相手に愛されていなくとも。

リターンはあったらうれしいけど、
なくてもいいんです。

**なぜなら、
愛すること、その中にこそ
最高の幸福感が
すでにあるんですから。**

ただ、恋愛は親子関係と違って、
「受け入れないこと」が許されます。
恋愛は、相手から逃げることができる。

究極の恋愛

相手が望まない場合、
そのとき、そのぽっかり空いた大きな穴は、
しあわせとつながっているようには思えません。

その穴を見続ける限り、そこには暗闇しかなくて、
その穴をふさごうと、もがけばもがくほど大きく開いて、
自分が消えてしまいそうで、苦しい。

でも言わせてください。

その暗闇を見た人だけが、
恋愛の深遠を知ることができるのです。

「実らない恋愛はない。かなわない恋愛であっても、
心の中には、なにかが実るはず」
by みむ

大好きな人に想いを受け入れてもらえることの
奇跡とも言える喜び。
その恋愛のほんとうの素晴らしさを味わえるのは
暗闇の絶望を感じたことがある人だけです。

［協力］みむ［29歳・プログラマー］

## 「未来の国」の恋。

メーテルリンクの童話『青い鳥』。

クリスマスイブの夜のこと、
チルチルとミチル兄妹の前に魔法使いの老婆があらわれます。

老婆は子どもたちに、青い鳥を探してきてくれと頼みます。

そこで、チルチルとミチルはまぼろしの青い鳥を探しに
不思議な世界を旅します。


旅先のひとつ
「未来の国」で、
チルチルとミチルは、
未来の子どもたちと会う。

青い空の色をした宮殿の大広間で、
これから生まれてくる子どもたちは
生まれるその時を待っていました。

その時が来ると、
"時のおじいさん"が呼びに来て地球へ降りていきます。

しかし、その時（地球で生まれる時）が来ても、
行きたくないという男の子がいました。
その男の子には恋人がいたのです。

「未来の国」の恋。

だから、別れたくない。
だから、自分だけ先に地球に行きたくないんです。

男の子は"時のおじいさん"にお願いしました。

「彼女と一緒に行かせてください」


「ダメだ。お前の勝手にはならんのだ!
　わしは、神様に言われたとおりにするだけだ」

"時のおじいさん"はそう言って認めてくれません。


恋人の女の子は泣きだしました。

「この人を、わたしと一緒に残して」


「この子は死にに行くんじゃないぞ、
　生まれに行くんじゃないか!」

そう言って"時のおじいさん"はふたりを引き離します。

「さあ、行け!」

男の子は連れていかれてしまいました……。

女の子は男の子にこう叫びます。

「ね、しるしをちょうだい、なにかしるしを！
　地球で、あなたをどうやって探せばいいか、
　教えてちょうだい」

男の子はこう返しました。

## 「僕、いつでも、キミを愛してるよ」

そして、そして、そして、

女の子は、最後に、

地球で出会ったときに、
自分だとわかってもらうためのしるしを、
男の子にこう告げるのです。

そのしるしとは……

「わたし、地球で一番、
　不幸せな者になってるわ。
　そうすれば、あなたは、わたしのことがわかるでしょ？」

「未来の国」の恋。

わたし、地球で一番不幸せな者になってる。

# そうすれば、
# わたしのことが
# わかるでしょ？

3秒セラピー♪

いま不幸だと嘆くキミへ。
運命の出会いは、
不幸なときに訪れる！

> だから大丈夫だよ。
> 人生の宝物はドン底に落ちているんだ。

# 革命家の恋

日本で初めて新婚旅行をした人は、
坂本龍馬と、その妻、お龍さんだといわれています。
新婚旅行先は鹿児島。
ふたりでカステラをもって、
霧島高千穂峰（1574m）に登ったそうです。

そこで、僕もふたりを感じてみようと思い、
わざわざカステラをもって登ってきました。
実際に登ってみた感想は、
「おいしかった。カステラ！」

**そこかい！**

高千穂、この山は「古事記」にも登場する
神様が舞い降りた天孫降臨の地です。

山頂には、迩迩芸命（ニニギノミコト）が降臨に際して、
逆さに突き立てたという青銅の天逆鉾が
突き刺さっています。
それを見た龍馬は、姉にこう手紙を書いています。

「おもいもよらぬ天狗の面があり、げにおかしき顔つきにて、
　大いに二人が笑いたり」
（慶応2年12月4日　坂本乙女宛て書翰）

龍馬とお龍さんは、ふたりで大笑いしたというのです。

革命家の恋

この新婚旅行は、
ふたりが一番しあわせに過ごした時間だったはずです。
この1年8ヵ月後、龍馬は暗殺されてしまいますから……。

日本を変えようとした龍馬は、
常に命を狙われていた。

さらに、龍馬は全国を飛びまわっていたから、
ほとんど会うこともできない。
お龍さんは、いつ殺されてもおかしくない男を待つしかない。

## お龍さんは
## しあわせだったんだろうか？

龍馬とお龍さんが初めて出会ったのは京の町。
龍馬30歳、お龍24歳のとき。
偶然にも、名前の「龍」という字が一緒だった。

慶応2年（1866年）1月24日未明、寺田屋事件が起きました。
100人を超える幕府側の追っ手が、
龍馬が宿泊する寺田屋を包囲したといわれています。
龍馬は高杉晋作からゆずりうけていた銃で威嚇し、
裏口から脱出。
一方、お龍さんも次の瞬間、
寺田屋を抜け出して別方向に駆け出しました。

お龍さんが目指した先は、薩摩藩屋敷。
助けを求めるためです。

下駄を脱いで、龍馬を助けたい一心で、

## 走る。走る。走る。

お龍さんのおかげで、龍馬は無事救出されました。
絶体絶命の危機を乗り越えたふたりの絆は深まり、
ついに結婚したのです。
お龍さんが龍馬との仲を詠んだ歌が残っています。

「思ひきや、宇治の河瀬の末つひに、
　君と伏見の月を見むとは」

**思ったこともなかった。
龍馬さんと、同じ床に伏して
一緒に月を眺めようとは。**

けれども、運命の日を迎えます。
慶応3年（1867年）11月15日龍馬暗殺の日。

お龍さんは嘆き、悲しみました。
「私は泣いては恥ずかしいとこらえていましたが、とうとうた
　え切れなくなってはさみでもって頭の髪をふっつりと切り
　取って龍馬の霊前へ供へるがいなや、覚えずワッと泣き伏し
　ました」

出会ってからわずか3年……。
お龍さんはしあわせだったんだろうか？

革命家の恋

## 一瞬でも心が通じ合うこと。

それは時間を超える。
一瞬の中に、永遠があるんだよね。
その一瞬こそ、奇跡なんだよね。
そして、その一瞬のために、
人は生きるんだよね。

一瞬でも心が通じ合えたなら
その一瞬は永遠の価値をもつ。

---

龍馬の死後、お龍さんは龍馬からもらった手紙を
人には見せたくないと、
海辺ですべて焼いてしまいます。
そして、龍馬の思い出の品を何ももたなかったお龍さんが
いつも心に留めていた歌がひとつだけ残っているのです。
龍馬がお龍さんに贈った歌です。

「又あふと思ふ心をしるべにて
　道なき世にも出づる旅かな」
──またあなたと逢えると思う気持ちを頼りに、
　道のない旅に私は今日も出て行きます──
坂本龍馬

[出典・参考文献]『その時歴史が動いた 4』NHK取材班（KTC中央出版）
『龍馬は和歌で日本を変えた』原口泉著（海竜社）
『千里駒後日譚・坂本龍馬全集』平尾道雄監修（光風社出版）

#  It's a wonderful world!

**読者セラピー**

はじめての彼女ができるまで、俺は、
「誰でもいいから誰かに愛されたい」
と思っていました。

でも、この世界の"真実"はそうではありませんでした。

好きな人ができて、はじめて恋人同士になったとき。
白黒で印刷されたような退屈な毎日に、色がついた。

## 世界がその人中心にまわりはじめた。

なにをするときでもその人のことを考えて、
ひとりのときも、友だちといるときも、
常にその人を考えた。

いろんなことで笑いあって、
いろんな場所に一緒に行って、
しょうもないことでケンカしたり、
ちょっとしたことでもしあわせを感じられる。

誕生日には贈り物をしあって、
クリスマスには大きなクリスマスツリーを見に行って。
特別な日じゃなくても、毎日がイベント。
はじめて恋人ができたとき、思ったんです。

## 「あ、俺の居場所はここやわ」

It's a wonderful world!

俺は、恋とか愛とかの違いをよくわかっていません。
恋と愛の線引きができないんです。

ここまでは恋、ここからが愛、みたいな。

友だちから言われます。
「ヤスは彼女を愛してるよな」
「彼女にすっごい愛されてるよね」
こんなことを言葉で言われても、ピンとこないんです。
いままで彼女には、
「愛してるで」
とか言ったことがありません。

俺は人に愛を語ることができません。

でも、言葉を超えたところで感じています。
言葉にできないんですよ、この気持ちは。

気がつけばそこにあって、
感じないと存在しないもの。
これって、「生」と同じじゃないですか。
生きてるだけで素晴らしい。

それと同じ。
**愛するだけで素晴らしい。**

「俺ってめっちゃ生きてるねん」
とわざわざ宣言しません。

ふと、気がついたときに思うこと。
「あぁ、俺って生かされてるねんな」

親に、家族に、友だちに、先生に、恋人に、
出会った人みんなに生かされてきたから、
いま、生きている。

そう思うと、

## 愛することって、愛されてることなんです。

そして、愛されているって、
愛しているってことです。
一方通行じゃないんですよね。

It's a wonderful world!

だから、
「誰かに愛されたい」って思うなら、
誰かを愛することです。

というわけで… 3秒セラピー♪

誰かを愛することで、
愛されてることに気づきます。

それが世界の真実です。
It's a wonderful world！
［お話］『モテ名言セラピー』モテるーズ・ヤスさん

CHAPTER 4

# ハートフル
# セラピー

人生をじっくりあたため直す視点
［心ポカポカコース］

# 最後のお別れ

**読者セラピー**

大好きなおじいちゃんがいました。
とても素敵な人でした。
いつもニコニコしていて
みんなから慕われていて
かっこいいおじいちゃんでした。

でも、わたしが小学6年生のとき、
胃がんで、亡くなってしまいました。

おじいちゃんが病院にいた期間は、
そんなに長くなかったように思います。

ある日、学校から帰って、家で妹と遊んでいると、
お隣のおばさんが家に来て、
「お母さんから電話があって、
　おじいちゃんが危ないそうだから！」
と、病院まで連れていってくれました。

もうたくさんの人が集まっていて、
子どもながらに「ただごとではないんだなぁ」と感じました。

わたしと妹が病室に行くと、
「最後のお別れをしなさい」って言われました。

おじいちゃんは苦しかったんだと思います。
目を大きく見開いていて、
口も開いてました。
すごく覚えてる。

わたしは次の日、小学校の修学旅行を控えてました。
おじいちゃんの最後の言葉は、

## 「俺が死んでも、
## 　さおを修学旅行に行かせろよ」

でした。

自分がいま死んでしまったら、
わたしが、明日からの修学旅行に
行けなくなるんじゃないかって、
心配していたのかもしれません。

自分が死ぬ間際に、
そんなわたしの修学旅行の心配なんて……

修学旅行にはもちろん行きました。
「遺言だからね、行きなさい」って。
お通夜もお葬式も出られなかったけれど、
わたしが修学旅行に行かなきゃ、おじいちゃんに怒られるって、
おばあちゃんは言いました。

亡くなる3日くらい前に、
震える手でおじいちゃんはお小遣いを渡してくれました。
そのお小遣いを持って、日光に行きました。

最後のお別れ

7つ下の弟が、当時小さくてわけもわからず、
みんなの泣き声の響く病室で、無邪気に

**「おじいちゃんは
　お星様になるの?」**
と、言っていました。


きっとおじいちゃんは、お星様になって、
わたしを見守っていてくれるんだと思います。

わたしが悩んだり凹んだりしていることも
ニコニコ笑って、全部わかって、
見守っていてくれるんだと思います。

というわけで… 3秒セラピー♪

わたしも自分が苦しいときに、
笑顔で人のことを思いやることが
できるようになりますように。

こんなおじいちゃんの血が自分にも流れていることが、
とてもうれしく思う。
by さおさん
[お話] さおさん・25歳・会社員

## 春の魔法

まもなく春を迎えようとする、ある晴れた日。
NYの公園でホームレスと出会った。

そのホームレスは首に「I am blind」と書いたものをかけて
物乞いをしていた。


「そうか。彼は目が見えないのか……」

しかし通行人は、誰一人として彼にお金をあげる者はいない。
素通りだ。

芝生に座っていた男は立ち上がり、そのホームレスに近づいた。
男は少しばかりのお金をホームレスに恵み、
その間に気づかれないように
ホームレスが首からかけていた「I am blind」という文字を
書き換え、そして別れた。


それから1時間が過ぎるころ、
そのホームレスは異変に気づいた。

「おかしい……」

「おかしい……」

あの男に恵んでもらってからの1時間。
それまでは誰一人お金を恵んでくれる人がいなかったのに

春の魔法

あの男に出会ってから、今度はすれ違う人、すれ違う人が
恵んでくれるようになった。

物乞いのお椀にはコインがあふれ、
人々が同情の声までかけてくれるようになった。

あの男の運なのか？
あの男は魔法使いなのか？

実は、男は「I am blind」という言葉を
こう書き換えていたのです。

「Spring's coming soon.
 But I can't see it」

たった一言でも相手を笑顔にすることはできるのです。
あなたは今日、大切な人に、なんて声をかけますか？

この男は実在します。
アンドレ・ブルドン。
フランスの詩人です。
[参考文献]『40歳から「人」と「お金」が集まる人の表現力』
中島孝志（青春出版社）

##  吉田松陰が犯した致命的なミス

**燃えてる!
火事だ!**

吉田松陰がまだ17歳の少年だったころ。
家庭教師、林真人先生のご自宅に
住みこみで学んでいたときに事件は起きました。

松陰少年が寝ていたときのこと。
ふと目が覚めて雨戸のすきまを見ると、真っ赤なんです。

燃えている!　火事でした。

松陰少年は飛び起き、寝巻きのまま、
家のものを外へ持ち出し、運んではまた家に飛びこみ、
できるだけ家のものを外へ運び出しました。

しかし、松陰少年はこのとき、致命的なミスを犯しました。
運び出すのを忘れてしまったのです。

**ひそかに隠しもっていた
大切な化粧ポーチを!**

もってない、もってない!（笑）

もとい、運び出すのを忘れてしまったのです。

## 吉田松陰が犯した致命的なミス

武士にとって、魂といえる

## 自分の刀を。

林先生は松陰少年を叱ります。
「なんという不心得だ！ 刀は武士の魂である！」と。

武士にとって
なにがあっても忘れてはいけない刀を忘れてしまったんです。
しかも、松陰少年が忘れたのは刀だけではありませんでした。

自分の服も、自分の勉強道具も、
自分の持ちものはなにもかもすべて忘れていたんです。

松陰少年が燃えさかる家から命がけで持ち出したのは

## すべて
## 林先生のものばかりでした。

魂は忘れても
恩は忘れない。

吉田松陰、17の春。

#  ひすい式奇跡の起こし方

奇跡の起こし方がわかった瞬間があります。

友人の心理療法家・スズキケンジさんの結婚式に
呼んでいただいたときのことです。

式の途中、かわいらしいフタのついた器が
全員に配られました。
中にはアイスクリームが入っていて、
そこには「当たり」が3つ用意されているとのこと。

**僕は、もし当たったら、
席が隣だったカタセさんに
「当たり」をあげようと思いました。**

すると、司会者の方がこう続けたのです。

「当たりのプレゼントはただのプレゼントではなく、
　一生に一度しかないであろう、
　それくらい素晴らしいプレゼントを
　用意しています」

え！？　そんなにすごいプレゼント！？
バリ島旅行とか当たっちゃうの！？
当たったらカタセさんにあげようと思ったけど、
バリ島旅行でもあげるかな、と考えてみました。
まだカタセさんには「当たったらあげるね」と
伝えていなかったので、

いまなら引き返せます(笑)

でも、このとき僕は
バリ島旅行でもあげようって
思えたんです。

というのも、カタセさんは、
僕のデビュー作を世に出してくれた僕の大恩人といえる、
出版社ディスカヴァーさんのスタッフで、
僕のイベントもよく手伝ってくれていたからです。

バリ島旅行でもあげようと思えた瞬間、

# 「あ、オレが当たるな」
# って感じたんです。

そこで僕は、カタセさんに
「オレ、当たるから見てて。当たったらあげるから」
と伝えました。

式場は60名くらい。
その中で3名だけが当たるのです。
フタをあけて、ハートのマークがあったら当たりです。

司会者が声を張り上げました。
「では、みなさんでいっせいにフタをあけましょう！」

さあ、僕は当たったのか？

# 「ええっ!
# 　ひすいさん、ほんとうに
# 　当たってる!」

カタセさんが歓声をあげました。

僕のアイスには、ピンクのハートマークが
確かにのっていました。

もし、運の神様がいるとしたら、
僕に当てるだろうな、と思ったんです。

うちのかみさんは近所のスーパーで
ポイント2倍の日を見逃しません。
もし運の神様がいるとしたら、
ポイントが2倍になる僕を
見逃さないだろうな、と思ったんです。

他の人が当たったらその人が喜ぶだけです。
でも、僕が当たれば、僕もカタセさんも喜びます。
僕のところは、喜び2倍ポイント。
神様がそんな絶好のチャンスを見逃すわけがないと
思ったんです（笑）

フタをあけてハートを見つけた僕は、
神様はやっぱりチャンスは逃さないんだなって
感動しました。


カナダのチャーチルを旅したときも、
同じことを感じました。
チャーチルへ行った初日、
ものすごくきれいなオーロラが出現したのです。
あまりに強い光だったので、
iPhoneでも撮影できたほどで、
オーロラを長年撮り続けている写真家さんでさえも、
これは特別だと驚いていました。

それほどのオーロラが
なんといきなり出たのです。

「ひすいさん、(運を)もってますねー」
って言われましたが、
確かにこのとき、
僕はミッションをもって旅していたんです。

この旅は、シロクマ写真家の丹葉暁弥さんと組んで
『Hug friends』『Hug earth』(小学館)という本をつくる
ミッションで旅していました。

丹葉さんは、小学生のころに
動物園で見たシロクマに惚れ込んで、
シロクマを撮る写真家になりたいという夢をもち、
それを見事にかなえた写真家さん。

だから、その旅は、
「シロクマのかわいらしさをみんなに伝えたい」という
ミッションをもった旅だったのです。

## ミッションとは、
## 誰かの喜びを生みだすことです。

僕と丹葉さんのその先に喜んでくれる人がいる。
そんなときに、案外奇跡はアッサリ起きるのです。

ひすい式奇跡の起こし方

そのオーロラの写真、
バッチリ本に載ることになりましたから。

というわけで… 3秒セラピー♪

「どうすれば喜びを生みだせるか？」
そう考えると
天が味方についてくれる。

この話を僕のメールマガジンで配信したら、この方法を使って
景品が当たったって人、続出しました。
例えば、ゲーセンで、ディズニーランド宿泊券が当たった方は、
「自分はディズニーランドに興味がなかったのですが、
妻の喜ぶ顔をイメージしてクジを引いたら、ほんとに当たったんですよ！」
というメールもありました。
ポイントは、トキメキから喜びを生みだそうとしてるかどうかです。
みんなが誰かの喜びを生みだそうって社会になったら素晴らしいですよね。

ちなみに、冒頭の結婚式でなにが当たったかというと、
確かに、一生に一度しかないであろうプレゼントでした。
結婚式でスピーチできる権利だったのです。
「カタセさんあげるね」って言ったら
「いらないわよ ── 」って言われました（笑）
[出典]『ココロの教科書』ひすいこたろう＋スズキケンジ（大和書房）

#  あらゆる人間関係を劇的に改善する方法

コンサルタントとして、
さまざまな現場で、多くの人を育ててきた
実践派コミュニケーションの達人・後藤芳徳さんから
恋も、仕事も、あらゆる人間関係が
劇的によくなる、
最高の秘訣を教えてもらいました。

「え？　そんなことが？」とあなたは思うかもしれませんが、
実際にものすごい効果を出している方法です。

後藤さんは、社員教育にこれ以上費用対効果の高いものはない
とおっしゃっていました。

# それは、親孝行。

それは、親孝行。

あ、こんなとこに高校が！

それは「おや？　高校」

## 「親孝行しない人を僕は認めない」
## by後藤芳徳

親孝行。
これは劇的にさまざまな効果が
身のまわりにあらわれるんだそうです。

親との関係がよくなるにつれて、
心のいろんなわだかまりが解けてゆく……。
後藤さんは会社のスタッフには
必ず親へ手紙を書かせるのだとか。

中には、
「親を許せない。話したくない」という
スタッフもいるので、
そういう場合は、
演技でもいいから親孝行をしてみろ、
と、後藤さんは指導されています。

最初は演技でいい。
でも演技しているうちに、親も変わり、
次第に自分の心のわだかまりも解けてゆく。
電話だと恥ずかしさもありますから、
まずは手紙がいいのだそうです。

産んでくれた親に感謝できたとき、
あなたの存在を自分で全肯定することができるんです。
すると、人生が瞬時に変わります。

考えてみてください。

あなたがこの世で起こすことのできない奇跡が
たったひとつだけあるんです。

# それは、あなたが生まれてきたことです。

あなたが生まれてきたことは、
あなたの両親が起こした奇跡なんです。

だから、とうちゃんにありがとう。
かあちゃんにありがとう。

もう、親が亡くなってしまったという方へ。
大丈夫。「ありがとう」という言葉はあの世にも届くから。

 3秒セラピー♪

「産んでくれてありがとう」
今日、手紙に書こう。

> でも、でも、でも、
> どうしても親を許せないという人は
> それもOKです。
> まずは、そんな自分を許してあげてくださいね。
> ［出典・参考］後藤芳徳さん

#  モテモテばあちゃんの秘密

1500人ものファンがいた、モテモテばあちゃんがいます。
小林正観さんより教えていただいたのですが、
このおばあちゃんの話、大好きなんです。
さて、どんなおばあちゃんだったのでしょうか？

そのおばあちゃんが亡くなったとき、
お葬式には1500人も集まりました。

## 人口3000人の村で、1500人が集まったのです。

驚異的です。

なんでそんなに人が集まったのか？

「そのおばあちゃんは政治家？」

違います。

「そのおばあちゃん、村の名士？」

違います。

「あ、わかった。そのおばあちゃん元アイドル？」

違います。

小学校の先生をやっていた普通のおばあちゃんです。

にもかかわらず、村の人口の半分、1500人もの人がそのおばあちゃんのお葬式にかけつけたのです。

## 住んでいた町の2人に1人から愛されていたのです。

この状況、ちょっと想像してみてください。

すごいことですよね？

このおばあちゃんはなにをしていたのか？

とくに目立つことはしてなかったそうです。

ただ、死ぬまで、

## 教え子のお店でしかものを買わなかったそうです。

近くに安いディスカウントストアやスーパーができても
そこで買うことはなく、
値段が高くても、
わざわざ教え子たちのやっている個人商店へ
買いに行ったそうです。

「近所のスーパーへ行けば2割安く買えるのに。
　遠いのにわざわざうちに買いに来てくれる」

お店の人はとてもうれしく思います。

自分が着る服も、ブランドは気にせず、
生徒がやっている洋服屋で買う。

彼女にとってお金を使うこと、そして生きることは、

# 縁があった人を応援すること。

# 喜んでもらうこと。

それがすべてだったようです。

縁のあった人に喜んでもらいたいと、
淡々とフツーに生きていたら、
いつのまにか村の人口の半分もの人が、
そのおばあちゃんのファンになっていたのです。

素敵なおばあちゃんだなと思います。

というわけで… 3秒セラピー♪

Your happy My happy.
あなたのしあわせが、わたしのしあわせ。

目の前のたったひとりを笑顔にできたら、
その人生は100点満点ではないでしょうか。
だって、みんなが誰かひとりを笑顔にすることができたら、
地球上のみんなが笑顔になるから。
[出典]『で、何が問題なんですか』小林正観著（弘園社）

## 右手を頭に

読者セラピー

あなたにちょっとやってもらいたいことがあります。
バカにせずに、必ずやってくださいね。

ではいきます。

「はい、まず右手を頭に乗せて！」

「乗せましたか？」

「ちゃんと乗せましたか？　OK？」

「では、その手を右回りに回してください。
　なでなでなで」

よしよし、
あなたはほんとうによくがんばってるよ
(*^^)v

これぞ「よしよし遠隔操作」なり（笑）
［お話］いちさん・28歳・公務員

ここまで読んでくれてありがとう!

この名言セラピーも
残す名言はあとひとつになりました。
最後にあなたにお伝えしたい言葉は
次のページに書かれています。

## 深呼吸を3回してから
## ゆっくりページを
## 開いてください。

なにがあっても
大丈夫だよ。

昨日までの記憶が
すべて思い出になっているように、
人生最後の日、すべての体験は「夢」になる。

だから大丈夫だよ。
夢の中を思い切り楽しんで！
のびのびと、ゆうゆうと。
人生は夏休みみたいなものだからね。

# あとがき

And most important,
have the courage to follow your heart and intuition.
They somehow already know what you truly want to become.
Everything else is secondary.


「最も大切なことは、
　勇気を出してキミの心の声と直感に従うことだ。
　心や直感は、
　キミがほんとうになりたいものを知っている。
　それ以外は二の次だ」
byスティーブ・ジョブズ


革命児、スティーブ・ジョブズ。
彼のつくったiMac、
もう使ってないのに、あまりにかわいいから捨てられなくて
いまだに部屋に大事に飾ってあります。


僕は、「革命」って言葉に昔から惹かれてました。


だから、
僕らの生活に革命を起こした
スティーブ・ジョブズも大好きだし
吉田松陰も坂本龍馬も大好きです。

でも、僕が一番衝撃を受けた「革命」は、これです!

「なにも起きない淡々と過ぎていく普通の毎日が
　幸せの本質である」

見方道家元、小林正観先生の言葉です。

淡々と過ぎていく普通の毎日がしあわせの本質……


目が見えることの感動……
耳が聴こえることの喜び……
自分の足で歩くことができるしあわせ……
友だちと一緒にごはんを食べられることのありがたさ……
朝、目が覚めたことの奇跡……


そうだ。
ほんとそうだ。

なにかになるからしあわせになるんじゃない。
淡々と過ぎていく普通の1日の中に、
すでにこれ以上ないほどのしあわせがあるじゃないか!

「淡々と過ぎていく普通の毎日が幸せの本質である」

この言葉に、僕は何度も何度もハートを打ち抜かれた。

あとがき

いまここに、しあわせがある……
なにもなさずして僕の心に
最高の革命を起こしてくれたのがこの言葉でした。

おかげで、僕らは青い鳥を探しに行かなくていい。
幸せになることに人生を費やさなくていい。
幸せから人生を始めることができる。
幸せから人生をクリエイトできる。

これを革命と呼ばずして、なにを革命と呼ぼう……

　　　　　　＊　＊　＊

上記の文章は
小林正観先生のお通夜から帰ってきた直後に
僕が書いたメールマガジンの文章です。
僕の人生が大きくひらき始めたのは、
この言葉との出会いからでした。

「3秒でハッピーになる名言セラピー THE BEST」
僕のデビュー作となった名言セラピーシリーズ全5冊から
編集者の大山聡子さんがベストセレクトしてくださったのが
この作品です。
読み直して、いまならこういう書き方はしないなというところも、
あえてそのままにあまり手を加えずに編集しています。
なんだか、そこに過去の自分がいる気がして
手を加えたくなかったんです。

過去は過去で一生懸命生きてきた。
「よくがんばったね」って思いです。
そして、この本にはいまの僕には書けない、
過去の僕にしか表現できないこともまた
書かれていました。

そして、名言セラピーを読み返してみて
正観先生との出会いなくして
生まれなかった本たちだなと改めて思いました。

僕を作ってくれたのは、僕以外のすべてです。

こんな僕が記したものが
今度はあなたの心の一部になれたとしたら
最高にうれしい。

読んでくれてありがとう。
僕は本を書くことが大好きです。
それができるのも、こうしてこの本を読んでくれる
あなたがいるからです。

僕の喜びはあなたに支えられている。
僕が笑顔でいられるのはあなたがいてくれるから。
出会ってくれて心からのありがとう！！！


ひすいこたろうでした。☺

次はここでお会いしましょう。あなたのメールアドレスを
登録すると、無料で名言セラピーが配信されます。

**ひすいこたろう**
**『3秒でHappy? 名言セラピー』**

http://www.mag2.com/m/0000145862.html
**登録してね**
（まぐまぐ　名言セラピーで検索）

トークライブで全国をまわっていますから、
その日程の案内もメルマガで届きます。
本の感想やファンメール、寝ずにお待ちしています（笑）
ひすいこたろう

ひすいこたろう▶hisuikotaro@hotmail.co.jp
ひすいこたろうブログ▶https://ameblo.jp/hisuikotarou/

## ディスカヴァーの本

# 死は、生を完全燃焼させるための最高の「スイッチ」!

## あした死ぬかもよ?
### 人生最後の日に笑って死ねる27の質問

**ひすいこたろう**

「いつ最後の日が来ても後悔はない」。そう胸をはって言える人生を送っていますか? いつか死ぬ身であることを心に深く刻めば、今日という1日が、いつにもまして輝きはじめることに気づくことでしょう。

定価1200円＋税

＊お近くの書店にない場合は小社サイト（http://www.d21.co.jp）やオンライン書店（アマゾン、楽天ブックス、ブックサービス、honto、セブンネットショッピングほか）にてお求めください。お電話でもご注文いただけます。03-3237-8321㈹

ディスカヴァーの本

# 自分も相手もしあわせになれる
# ハッピーモテ恋愛論

## ３秒でハッピーになる 名言セラピー 恋愛編
ひすいこたろう＋モテるーズ（ヤス＆よう子）

---

名言セラピーシリーズに、最強の恋愛編が登場！読んだその日からすぐに使えるモテテクニックから、恋愛の深さを追究した最終章まで。思わずクスッと笑えるエピソードと共に紹介します。

定価 1200 円＋税

---

＊お近くの書店にない場合は小社サイト（http://www.d21.co.jp）やオンライン書店（アマゾン、楽天ブックス、ブックサービス、honto、セブンネットショッピングほか）にてお求めください。お電話でもご注文いただけます。03-3237-8321 ㈹

### ディスカヴァーの本

## あなたの人生に寄りそう
## 「ど真ん中」名言を超厳選!

### 3秒でハッピーになる 超名言100
#### ひすいこたろう

「他人が笑おうが笑うまいが、自分の歌を歌えばいいんだよ」
岡本太郎(芸術家)
人は、幸せになる前に、幸せをもたらす言葉と必ず出会っている。
これからのあなたの人生の指標となり、成功へと導く名言を、
名言のプロがお届けします!

定価 1400 円+税

＊お近くの書店にない場合は小社サイト (http://www.d21.co.jp) やオンライン書店 (アマゾン、楽天ブックス、ブックサービス、honto、セブンネットショッピングほか) にてお求めください。お電話でもご注文いただけます。03-3237-8321 ㈹

## 3秒でハッピーになる名言セラピー　THE BEST　新装版

発行日　2019年　2月28日　第1刷
　　　　2024年　6月15日　第3刷

| | |
|---|---|
| **Author** | ひすいこたろう |
| **Book Designer** | 西垂水敦・市川さつき(krran) |
| **Publication** | 株式会社ディスカヴァー・トゥエンティワン<br>〒102-0093　東京都千代田区平河町2-16-1 平河町森タワー11F<br>TEL　03-3237-8321(代表) 03-3237-8345(営業)<br>FAX　03-3237-8323<br>http://www.d21.co.jp |
| **Publisher** | 谷口奈緒美 |
| **Editor** | 大山聡子 |

**Distribution Company**
飯田智樹　蛯原昇　古矢薫　佐藤昌幸　青木翔平　磯部隆　井筒浩　北野風生
副島杏南　廣内悠理　松ノ下直輝　三輪真也　八木眸　山田諭志　小山怜那
千葉潤子　町田加奈子

**Online Store & Rights Company**
庄司知世　杉田彰子　阿知波淳平　大﨑双葉　近江花渚　滝口景太郎　田山礼真
徳間凜太郎　古川菜津子　鈴木雄大　高原未来子　藤井多穂子
厚見アレックス太郎　金野美穂　陳玟萱　松浦麻恵

**Product Management Company**
大山聡子　大竹朝子　藤田浩芳　三谷祐一　千葉正幸　中島俊平　青木涼馬
伊東佑真　榎本明日香　大田原恵美　小石亜季　舘瑞恵　西川なつか　野﨑竜海
野中保奈美　野村美空　橋本莉奈　林秀樹　原典宏　星野悠果　牧野類
村尾純司　元木優子　安永姫菜　浅野目七重　神日登美　波塚みなみ　林佳菜

**Digital Solution & Production Company**
大星多聞　小野航平　馮東平　森谷真一　宇賀神実　津野主揮　林秀規
福田章平

**Headquarters**
川島理　小関勝則　田中亜紀　山中麻吏　井上竜之介　奥田千晶　小田木もも
佐藤淳基　仙田彩歌　中西花　福永友紀　俵敬子　斎藤悠人　宮下祥子　池田望
石橋佐知子　伊藤香　伊藤由美　鈴木洋子　藤井かおり　丸山香織

| | |
|---|---|
| **Proofreader** | 株式会社T&K |
| **DTP** | 朝日メディアインターナショナル株式会社 |
| **Printing** | シナノ印刷株式会社 |

- 定価はカバーに表示してあります。本書の無断転載・複写は、著作権法上での例外を除き禁じられています。インターネット、モバイル等の電子メディアにおける無断転載ならびに第三者によるスキャンやデジタル化もこれに準じます。
- 乱丁・落丁本はお取り替えいたしますので、小社「不良品交換係」まで着払いにてお送りください。
- 本書へのご意見ご感想は下記からご送信いただけます。
  http://www.d21.co.jp/contact/personal

ISBN978-4-7993-2454-7
©Kotaro Hisui,2019,Printed in Japan.